21 世纪图书馆学丛书（第 4 辑）

拥书权拜小诸侯

——图书馆馆长访谈录

In Conversation with Librarians in China

顾晓光　编著

海洋出版社

2014 年 · 北京

图书在版编目（CIP）数据

拥书权拜小诸侯：图书馆馆长访谈录/顾晓光编著．—北京：海洋出版社，2014.5

（21 世纪图书馆学丛书．第 4 辑）

ISBN 978 - 7 - 5027 - 8818 - 6

Ⅰ.①拥… Ⅱ.①顾… Ⅲ.①图书馆馆长 - 访问记 - 中国 Ⅳ.①G251.6

中国版本图书馆 CIP 数据核字（2014）第 038633 号

责任编辑：杨海萍

责任印制：赵麟苏

海洋出版社 出版发行

http://www.oceanpress.com.cn

北京市海淀区大慧寺路 8 号 邮编：100081

北京旺都印务有限公司印刷 新华书店北京发行所经销

2014 年 5 月第 1 版 2014 年 5 月第 1 次印刷

开本：787 mm × 1092 mm 1/16 印张：15.625

字数：181 千字 定价：40.00 元

发行部：62132549 邮购部：68038093 总编室：62114335

主编弁言

《21世纪图书馆学丛书》主要特点是注重图书馆实践，选题务实、新颖、信息丰富、密切结合图书馆工作实际。该丛书第一、二、三辑出版以来，深受广大图书馆工作者的欢迎。

该丛书第四辑涵盖面较为广泛，共有6册，所涉及范围包括上海图书馆副馆长周德明研究馆员主编、上海图书馆采编中心以及上海市图书馆学会信息资源组织分委员会编著的《RDA：从理论到实践》、《数字图书馆论坛》主编顾晓光编著的《拥书权拜小诸侯——图书馆馆长访谈录》、美国南康涅狄格州立大学刘燕权教授著的《数字知识宝库纵览——美国数字图书馆案例精析》、杭州图书馆研究馆员李明华著的《规划设计图书馆建筑要旨》、《图书馆报》主编赖雪梅、姜火明编辑的《瞧，那些知名的海外图书馆》以及《图书馆专业英语最低限度词汇》。所有这些选题，都是图书馆员思考讨论的所在。相信这些务实的专业论著的出版，对图书馆现时的工作、图书馆事业未来的发展，一定会有所帮助。

丘东江

2014年3月于北京

序

当我拿到顾晓光交给我的书稿，并让我为该书作序时，我很感慨。晓光作为《数字图书馆论坛》的执行主编，我知道这是他的工作，但又不完全是他的工作。如果仅仅为了工作，他不需要做那么多功课，亲自去采访那么多内容。应该说，这是他的兴趣所在，也是文化责任所在。

记得美国前总统肯尼迪说过，当历史的尘埃消散以后，能够使我们名垂青史的，不是政治上的胜利，不是战争的胜利，而是对人类精神的贡献。回首人类文明发展史，无论是哪个国家或哪个民族，所创造的思想文化成果，其凝聚的精神力量和散发的精神魅力，已形成一座座历史标致性的东西，永远矗立在历史长河中，为人类所共有。而图书馆作为文化繁荣和发展的一个缩影，正是文化繁荣和发展的重要链条和平台。一个国家、一个地区的图书馆办好了，就等于举起了一面文化的大旗。谁是举旗人？毫无疑问，一定是图书馆馆长。图书馆馆长是图书馆的管理者，爱岗敬业、躬行践履、乐于奉献是其必需的修养。作为图书馆的掌门人，图书馆馆长又是图书馆的灵魂，他们的学识、眼光、胸襟和对图书馆工作爱之、乐之、好之的思想境界，不仅能够被读者感受到，也能够被同行体会到。改革开放 30 多年来，在我国文化事业大发展的背景下，我国图书馆界成长起来了一批有胆识、有理想、有创新、有作为的图书馆馆长，他们中的不少人已经名副其实地成为新时期我国图书馆事业的领军人物。从 2012 年开始，晓光开始了一项很有意义的“工程”，采访这些处于中国各类有代表性的图书馆领导位置，为中国图书馆事业发展做出重要贡献的图书馆馆长。本书所收录的馆长访谈，包括了吴建中、葛剑雄、朱强、陈昭珍、李东来、吴晞等，他们每个人都是中国图书馆界的风云人物，他们所创新的图书馆理论与实践，本身就是一本图书馆工作大全。

很多人想要了解这些馆长们是如何成功的，他们的内心世界是怎样的，他们的改革遇到过哪些困难，但馆长们都那么谦虚，不愿过多地展示自己，使得平常人很难获得全面的信息。而晓光与馆长之间的这种访谈则是一种良性互动与人文共识的完美结合。他通过近距离对话中国图书馆界的世纪名宿，触摸一个时代最真实睿智的体温和呼吸，为我们展示了这些榜样馆长们有血有肉的真实世界，即使是图书馆学界外的读者，也能够通过这些访谈进一步加深对图书馆馆长、图书馆工作和图书馆事业的理解。

晓光以自己的真诚与纯粹，使一个个代表性的图书馆向读者展示出了它们的丰厚与深邃；也让读者能够从一位位杰出馆长宠辱不惊的人格魅力和真切风趣的性情记忆中，回溯时代变迁与思想脉动的悲喜浮沉。他所写出的文字，或灿烂，或淡泊，但交流碰撞的现场感有如老朋友在娓娓絮谈。晓光是幸运的，他在完成本职工作的同时，还得到与各位馆长深度对话的机会，转而把丰富邃密的珍贵对话演绎为可资留档的扎实文本。当我读到书中《拥书权拜小诸侯》的时候，已经对晓光的“幸运在场”心向神往，恨不得取而代之以达“借光掠美”的一己之私。

本书集中展现了一篇篇精彩机敏的对话，各位图书馆馆长那种沉静与隐忍的人格星辉于我们如精神粮仓，需要悉心看护，相信对很多读者来说，也是一种悠长的期冀和关照。就此而言，能够为这本书作序，我同样要感恩这种“职业幸运”，不仅仅是因为我曾经是晓光读研究生时的导师。我希望这本书可以打开一扇窗户，是针对读者的，了解中国图书馆事业发展的窗户。让我们听听图书馆馆长如何说，不要想当然。

这本书开了一个好头。

刘兹恒

北京大学信息管理系教授、博士生导师

目录 Contents

01 上海图书馆馆长吴建中先生

采访上海图书馆馆长、上海科学技术情报所所长吴建中先生是很早以前就有的想法，正值上海图书馆2012年7月庆祝六十华诞，在这个时候将其付诸实现也许是再合适不过了。

他是中国图书馆界的风云人物，有三十年馆龄，已做了十年馆长，受过日语、图书馆学以及哲学的熏陶，曾留学英国，担任过国际图联管委会和专业委员会委员（2001—2005年）、上海世博会主题演绎顾问。他除了长期负责上海图书馆的管理工作外，著作颇丰，是业界高产的学者。这些外在的标签被人提起过多次。

作为后学，我对吴馆长的印象是他有着优秀的职业素养和温文尔雅的处世哲学。早在十年前，我作为一名普通的图书馆员曾经去信询问有关一个国际会议的事情，想必他现在已经忘记了这件事情，淹没在回复过多次不知名人士的专业询问中。《数字图书馆论坛》正式创刊七年多，刊登过多篇上海图书馆同仁的文章，有的文章就是拜托他的推荐。这次采访结束前，吴馆长特意告诉我，如果说上海图书馆有了一些成绩，也是在他们整个班子领导下共同取得的。

作为国内第一家图情一体化的大型信息服务机构，上海图书馆的研究能力在与上海科学技术情报所合并后得到了增强。从《数字图书馆论坛》最近五年刊登过的上海图书馆同仁文章看，上海图书馆在数字图书馆研究上一直走在国内的前列，比如移动图书馆、电子书阅读器、图书馆2.0、DC元数据、古籍数字化等，2011年4月出版的OCLC 2010年度报告《图书馆的认知度》（中文版）也是由上海图书馆同仁翻译而成的。

作为上海图书馆的掌门人，吴馆长和他的同事在这些年建立并完善了上海市中心图书馆“一卡通”服务体系、上海公共情报服务平台等重要的信息服务项目，用现代化的技术手段、人性化的服务模式，向“世界级城市图书馆”的方向迈进。

在两个半小时左右的访谈中，我最大的感受是吴馆长对于当前国内图书馆界发展的忧虑和图书馆未来发展的憧憬。“机遇与挑战”，是对过去互联网环境下信息服务多元冲击的思考；“生于忧患”，是对现在的鞭策；而“转型与超越”，是对未来的自信。

今年五月份，吴馆长出版了《转型与超越：无所不在的图书馆》一书，这是他十几年来第一次通过专著的形式重新思考图书馆的发展。他提出了“人”、“资源”和“空间”的图书馆三要素，更加强调以人为本的理念、用现代化技术方式收集整合全媒体资源和图书馆作为城市第三空间的价值。在“思想淡出，学术凸现”的学界，该书不仅收集、整理了国外发达图书馆的多样案例，而且将大量的篇幅放在探索图书馆从旧范式向新范式过渡的可能模式，难能可贵。

为了准备访谈，我重新翻看他在1998年出版的《21世纪图书馆新论》，发现书中提到的21世纪图书馆发展的种种可能到今天基本都得到了验证，且在当前还有参考的价值。正如他在此次访谈中所讲的“混沌是永恒的，秩序是相对的”一样，未来图书馆的发展是永恒的，而现实的应变是相对的。图书馆作为人们终生学习的课堂的使命已渐行渐远，我们现在的努力也许是希望图书馆成为人们日常生活的一部分，“生活在别处”，那里肯定有一座图书馆。

顾晓光： 虽然您已经出版了二十余本书，其中对于图书馆进行全面思考的，也是最有代表性的著作是1998年出版的《21世纪图书馆新论》（上海科学技术文献出版社出版，此书后来被翻译成英文、日文版），为什么会选择14年后，出版《转型与超越：无所不在的图书馆》（上海大学出版社，2012年出版）这本书，进一步思考图书馆的发展？

吴建中： 十几年前我写了这本《21世纪图书馆新论》，尽管它只是对实践具有一定的参考价值，但是在当时，大家对国外的图书馆事业了解不够，受的主要还是我们过去传统图书馆学的影响。相对来说，那个时候我们图书馆学有非常重的“书本位”印记，一切都是围绕书展开的。所以，当时有一种雄心或者说野心吧，是把它当成开眼界的一本书。它把国外的东西介绍到国内，应该说是起到一定作用的。我们不知道国外的图书馆是如此蓬勃发展的，所以通过这本书从各个侧面把它体现出来。

但是，现在不一样了。现在大家已经比较了解国外的情况，新一代的图书馆馆长外文都很好，他们对于国外的情况也有比较深入的了解。我没有必要把国外的东西再拿过来介绍了。这些年我在思考图书馆是不是应该有个 Change（改变）。我国图书馆这十几年的发展总体上还是量的发展，没有质的变化。所谓量的发展，比如说我们的建筑，过去很陈旧，现在很多地方很豪华，甚至超过国际水平了。还有一些设施，也超过国际水平，像 24 小时自助借还机这样的设备，展示了图书馆现代技术的水平。但是，我觉得质的变化并没有出现，至少没有很好地体现出来。

写这本书有两个方面的冲动。从中国的整个大环境来讲，创新、转型是时代的大背景、大趋势。图书馆有没有跟上去？我认为没有跟上去。图书馆还在沉醉于大发展、大投入的喜悦当中。投入很多、很大，但是我发现很多投入都没有在点子上，有些投入似乎偏离主线，投在不可持续的项目和设备上了。这些问题激发我把这一想法写出来。也就是说，图书馆如何向质的方向发展？这是一方面的冲动。

有人预测，2020 年，数字出版和纸质出版的销售额处在一个 Tipping Point（临界点），也就是说各占 50%。我们知道，数字出版的增长是几何级的，达到 50% 的比例以后，55%、60% 的比例很快就上去了。为什么要提临界点呢？我举个例子，十几年前，我在台湾地区，见到台湾清华大学图书馆馆长，他是其他专业的人士，他说他感到很苦恼，看不清图书馆发展的走向。电子化、虚拟化资源应该占多大比例，纸质资源占主导的现状将维持到什么时候？他当时追求的只是自动化，比如像 Horizon、Ex Libris 之类的，这些系统都是围绕图书的流程展开的，就是说如何更好地利用新技术管理好图书。他当时只能聚焦在这里。但是，现在明朗了。这里讲 2020 年，有可能是 2018 年、2017 年，现在这个几何级的发展趋势已经很明显。我看到一个数据，现在大部分公共图书馆的数字化采购经费都在 5% ~10%，高校及研究型的图书馆达到 30% ~50%。

而现在相当多的图书馆还处在一个书本位的时代、纸质资源本位的时代，还没有进入一个数字资源为主体的全媒体时代，现在还是以图书为主的。一些研究型的图书馆已经开始进入数字媒体时代，达到 50% 以上了。美国研究型图书馆的数字资源采购经费平均已经达到 58%，有一些可能更高了，尤其是那些以收藏科技医学类资源的图书馆。美国教育部一个报告预测，到 2020 年大学图书馆 80% 的购书经费将用于电子资源。我们现在距此还很远，绝大部分图书馆都没有变的意识。图书馆如何适应数字化发展的环境？这是第二方面的冲动。

顾晓光：也就是说外面的环境在变化，图书馆依然处于保守和传统的状态。

吴建中：是的，图书馆员这个职业是比较保守的，不善于变化的。这么多年来，无论外界出现多么大的变化，图书馆的变化很小，图书馆的变化只是量上的改变，质上的几乎没有。你看现在很一流的图书馆，包括国外的，它的流程、部门设置还是围绕图书展开的，比如采编部、读者部、典藏部等的设置。很少有图书馆是离开这个 Paradigm（范式）的。尽管我们有些参考服务、讲座服务加入进来，但还不是主流业务。临界点来到之后，这个范式要不要变呢？

现在不论是信息资源还是知识资源，数字化占了很大比例。尽管纸质资源绝对数仍在增长，但占整个信息资源的比例是越来越小。如果图书馆员还死守着不改变的话，那生存的空间就很小了。我们的空间正在被挤压、被边缘化。如果我们的眼睛里只有这点资源的话，那么我们离自己的使命就越来越远了。图书馆的第一使命是保存人类文明遗产。资源的载体从纸莎草、泥板、甲骨、金石、竹简、缣帛等逐渐改变，然后发明了纸。纸发明到今天，在整个历史长河中算起来也不长。我们不能把纸质资源看做是唯一的收藏，我们的使命是保护人类所有的文明记录，包括零次文献、隐性信息等。只不过以前那个时代纸质文献占了主体，所以我们常常使用“图书”这两个字来代表信息资源。现在很快就要进入以数字资源为主体的多媒体或者全媒体时代了，所以应该考虑变了，但现在思考变的人并不多。

所以，这本书也是想起这样一个作用，就是从原来以图书为主体的图书馆到以人为主体的图书馆的转变。我们是不是已经准备好了？可以说没有准备好，无论是国内的还是国外的图书馆。从国际上来看，2005 年虽不敢说是具有里程碑意义的一年，但在这一年，OCLC（联机计算机图书馆中心）发表了《对图书馆和信息资源的认知报告》（Perception of Libraries and Information Resources），大英图书馆也发表了《重新定义图书馆：大英图书馆 2005—2008 战略规划》（Redifining the Library: the British Library's Strategy 2005—2008）。这两个报告的关键词是认知，或者说品牌认知。图书馆是什么？人们重新反思。那个时候的反思对于以后的发展带来很大的影响，就是因为图书馆人看到了这个认知，必须要变。这个变，国内没有跟上。在变的浪潮中最突出的是 Rangeview，就是美国的创意型图书馆。Rangeview 是一个地区图书馆系统，原来有很多个分馆，后来政府经费削减，不得不将原来的系统打乱，重组图书馆系统。新馆长上任后，做了一个全新的 Anythink 图书馆。Anythink 是 Anything 的俗语，但更突出思考的含义。它的意思是这个图书馆是创意型的，2010 年 12 月还获得了全美博物馆和图书馆服务奖章。为了让图书馆更加亲民，“图书馆员”的称呼改成“看门人”、“牛仔”、“导读员”等称呼。还有分类体系，不用杜威分类法，改为更加简明易懂的、书店常用的“WordThink”分类法。它直接影响到图书馆的所有业务链，围绕读者需求和舒适度展开，全部变化了。读者认为怎么舒适，怎么方便，我就怎么提供。

还有，英国伦敦有个 Idea Store（思想屋），实际上就是图书馆，该系统中的图书馆都按照新的创意设计，包括建筑上、服务上，全部发生变化。国际上这方面生动的例子还有很多，比如芬兰赫尔辛基市图书馆的 Library 10（因当地邮政编码为 10 而得名），也是按照读者需求设计的一个成功案例。该馆还有一个 Urban Office（城市办公室）。该馆馆长说办公有第一、第二、第三办公场所之分。第一办公场所是传统的；第二办公场所可能在合作伙伴、客户提供的场所里；第三办公场所在社会性的地方。受到这个启发，图书馆开设了一个社会办公场所，提供所有必需的办公设备免费向任何人开放。当然，他们人口少，比较容易处理这样的问题。不管怎么说，它是一个概念：根据社会需求的变化而变化，建设适应需求的“人的图书馆”。

这些都是在 2005 年前后发生变化的。2005 年也是管理学中“品牌认知”最流行的时候。以后的每一届 IFLA（国际图书馆协会和机构联合会）的会议，都在考虑变，改变图书馆的品牌，按照读者的认知度和社会的认知度来改变图书馆，这方面国内的介绍很少很少。国内只是抓住一些新奇的东西，比如说真人图书馆，这是很好的现象，但我们缺乏深刻的思考，人家为什么这样做，根子在哪里，精髓在哪里，我们思考得不多。

顾晓光：我们对“品牌认知”这个问题讨论和关注好像并不多，虽然图书馆专业文献中也有一些这方面的研究，但没有引起业界足够的重视。

吴建中：我同意您的说法。2005年前后国际图书馆界发生了很大的变化，我们这轮没有跟上。我们一直强调国际化，我们的话语体系跟人家的话语体系真的不一样。我们对自己的使命不了解，我们对自己的职业认识不深，所以我觉得首先应该重新认识自己的职业。我在中国图书馆学会长春会议上做了一个发言，没有引起太多的关注。为什么呢？很多人关注的是现代化、高科技。我谈到了一个Paradigm Shift（范式转化）的问题，但是大家觉得这是一个空的东西，应该抓技术发明和新产品之类的东西。

我们再来看看技术性的变化，比如说数字图书馆，我们数字图书馆走了十几年，没有走出一条新路。我们还在做扫描，做一般的检索。我们还有一些技术上的创新，如24小时自助借还机，但对于整体来说，没有大的变化。为什么这样说呢？现在很多技术都是按图书馆传统的要求来设计的，所以说这些技术是扭曲型的、让步型的，按照书本位的要求去设计的，比如说MARC，就是按照书的要求去设计的。其实MARC是电子的东西，完全可以发挥它的特长，但我们还是要求计算机按照卡片的要求来做，所以说它是扭曲的、让步的。

顾晓光：是不是有点“马拉火车”这种感觉？

吴建中： 有点这种感觉。有些技术可能会花很多钱，有触摸式的，有大屏的，有的甚至要上百万，但大部分都是用来演示的。

顾晓光： 更多的是一种形象展示？

吴建中： 更多的是一种形象展示，对于整体没有影响，所以我要写这本书。写这本书之前我看了几本书，我想推荐给大家一本“Everything is Miscellaneous”。

顾晓光： 这本书应该有中译本。有世界是混沌的意思（注：中文译本名为《新数字秩序的革命》，戴维·温伯格著，中信出版社，2008 年）。

吴建中： 图书馆界对它关注很少。这本书的作者以前做过图书馆员。这本书讲了三种秩序：第一种秩序，人们通过自己的想象把东西分类好，比如刀叉应该放在厨房的柜子里。任何东西的放置都是按照每个人自然的想象，它是物理形态的；第二种秩序是理性的秩序，科学体系或者科学分类，比如杜威分类法、国会图书馆主题法，人类按照科学的分类，把知识放在一定的秩序中，它突破了绝对的空间性；第三种秩序是混沌中的秩序，被分类的内容和标签都在虚拟环境中，完全不受物理空间的制约。第三种秩序是自下而上的。第一种、第二种是自上而下的，尤其是第二种。

顾晓光： 第二种是金字塔似的。

吴建中： 是金字塔似的。而第三种是自下而上，虚拟形态的分类法来分类虚拟形态的对象。它给我们更多的思考：一个事物是不是只有一个位置？每一样东西都是零碎的，但其中有 Order（秩序）。我们过去完全按照第二种秩序，一本书只有一个位置，这曾经是图书馆员值得骄傲的地方，给每一本书一个确定的位置。但是到了第三秩序，一个事物是不是应该有几个侧面来揭示呢？有人说我们也发明过主题分类法呀。是的，但图书馆的空间是一个物理形态的空间，它只告诉你这个东西只能放一个位置，而且还要按排架法来排列。只是在检索时，它告诉你另外还有一个 Facet（面）。这本书告诉我们，千百年来我们都认为世界只有一个单一的秩序，图书馆员也按照这个思维模式来管理信息，但网络允许我们用多维的方式来管理它们。

顾晓光：事物的表现是多样的。

吴建中：多样的，多元的，混沌的。

顾晓光：就像现在交叉学科越来越多，比如图书馆学情报学，与很多的专业学科都有联系，但对于我们研究者也是一个挑战。

吴建中：按照我们原来的想法，你问一个问题，我回答一个问题，就结束了。但在第三种秩序中，你问一个问题，我回答一个问题，这个程序没有完，我们把“问和答”公开出来，然后任何人都可以回答，一个问题肯定有很多不同的回答。就图书馆来说，是不是更加 Living（生动）？所以，这本书给我们很大的启示：自下而上、非线性的方式。我再说得稍微远一点。现在很多人都在谈论第三次工业革命。第二次工业革命是流水线的，即自上而下的，而第三次工业革命是数字化生产，是自下而上的模式，最典型的是3D打印机，它是可以打印物品的东西。比如生产一个特殊的杯子，可以在非洲某地设计，在欧洲用3D打印机刻制出来，然后再寄到中国来。这说明整个范式发生变化了。图书馆员应该思考：范式变化了，我们该怎么变？

顾晓光：您刚才所讲的正是将图书馆的现状、未来的发展进行了一次思考。那我就您所讲，提一些小一点的问题。刚才您讲到图书馆具有保存人类文明遗产的功能，比如国家图书馆是全国总书库，上海图书馆（以下简称“上图”）也有意保存很多特色资源，包括家谱、上海本地的文化资源等。数字环境下，我们在保存上碰到了一些问题，相当两难的问题。在传统图书馆的资源中，我们拥有的是自有资源，但在数字环境下，资源可能不为我们所有，我们只是起到一个中介的作用。资源不在本地，我们无法拥有它。当现实发生某种变化时，我们也许一无所有。这可能是我们很多图书馆，特别是研究型图书馆正在思考的一个问题，里面也牵扯到与内容提供商博弈、商讨的一系列问题。

吴建中：这就是我们常说的拥有与获取的问题，我不可能收藏所有的东西。但是，我要尽量将这个地区有特点的东西收藏起来，这是第一层次的。从第二层次来看，我们收藏的东西是不是要变化？我们要为Stakeholders（利益相关者）服务，他们的需求是我们服务的重点。因为图书馆还有一个Intermediator（中介者）的使命，我们要满足他们的需求，可以通过很多方式来完成，比如说本地有的，本地提供；本地没有的，我们从外面获取。图书馆最主要的是满足现实的需求。所以，在数字环境下，图书馆的收藏方针要发生变化。国内的图书馆很少有馆藏政策，有了馆藏政策，你可以按照需求不断地变化。从这个角度看，因为经费的限制，有些资源是作为实体的收藏，有些是虚拟的收藏，还有一些是短暂使用，可以依赖外部资源。总之，读者的需求在变化，社会的需求在变化，图书馆也应该按照他们的需求来变化。

顾晓光：在数字环境下资源建设方面的思考越来越多，比如现在有以用户驱动采购为主的 PDA 政策，这在高校图书馆和研究型图书馆越来越多。在采访工作中，我们的采访人员会请相关的专家和博士生等人士参与进来。在目前的情况下，既要以人为本，资源采购又不可能有大的增长，公共图书馆如何来解决这个问题?

吴建中：每一个图书馆都需要有一个馆藏政策，并对外公示。读者不满意，就会逼着你修改。我们很多图书馆都有合作，我们也要告诉读者我们在其中的收藏，也就是资源分工状况。但总体来讲，公共图书馆的变化总是要慢一拍。因为其他图书馆的需求是特定性的，比如大学图书馆的馆藏是按照大学的课程设置和研究方向来组织的，而公共图书馆是面向所有的利益相关者。它唯一的变化是按照年度计划做适当的调整，它有一个相对稳定的藏书方针。现在最大的问题可能是——我们大家没有这个意识——有些图书馆为了表明这是我们一直以来的收藏重点，要保持下去，很顽固。而“人的图书馆”是按照社会的需求来变化的，你既要有第一层次的收藏，也要有适应变化的第二层次的收藏。从第一层次来讲，你要有自己的基本使命，要有本地区特色的馆藏，要保持馆藏历史的一贯性。但也要考虑不断变化的社会需求，这一点很重要。总体上讲，还是要适应读者的需求，这是一个大的趋势。所以，我们需要去变化，但我们可能适应变化的能力很小、思想准备不足。

顾晓光：您在书中提到“人、资源和空间”三要素，突出人在图书馆的位置，整合全媒体的资源，发掘图书馆作为场所的价值。资源一直是图书馆安身立命之本，但如您所说，到了一个临界点，数字资源占到一定的比例，我们可能会流失越来越多的用户。目前，已经看到有这个趋势，很多中高端的研究者使用图书馆越来越少，因为获取资源的途径越来越多，那么“场所”或者“空间”发展的目的是什么？

吴建中：图书馆面临的最大的冲击是 Disintermediation（去中介化），这是让我们最受刺激的东西。以前图书馆员的作用很大，人们的研究入口是图书馆，每一个做研究的人肯定到图书馆去。以前我听说国外有些博士答辩时，需要有一个图书馆员在旁边。为什么呢？图书馆员会问你有没有看过某些资源。而现在，研究者告诉我们，不需要你们了。而现在大部分的研究者是不是将图书馆作为第一选择？没有。也就是说图书馆正处于一个去中介化的过程当中。社会环境在变，但图书馆没有变，没有变成一个 Heart（心脏）——大学的心脏，地区的心脏。10 年后也好，20 年后也好，核心问题还是中介化和去中介化的问题。我们图书馆员被边缘化了，所以，我们需要思考的是，我们是不是还能够回到以前图书馆作为研究入口的角色，能回去吗？

顾晓光：越来越难了。

吴建中：越来越难了，您说得对。我们上图有几个骄傲的地方，就是在世博会所起的作用。大家一开始不知道什么叫世博会，我国没有举办过世博会。我们把世博会的资料收集起来，别人看了眼睛一亮，要了解世博会，去图书馆。这类成功的实例在国内还有不少。但这还是个别的案例。对于整个图书馆来讲，研究者不来了，因为他们通过其他途径可以获得所需资源。这对于图书馆来说是一个很大的挑战，图书馆要保持中介者的地位，就必须要改变自己。有些时候，我们就需要牺牲掉“拥有”，而重“获取”。从图书馆员的心态来讲，最好自己拥有资源，而不希望是“获取”的资源。买这些资源的时候，心很痛，因为这是一时之需，作为国有资产就流失了。所以，每个图书馆都不希望“获取”资源占很大比例，而是希望“拥有”更多的资源，这是很正常的。要找回中介者的地位，使更多的人回到图书馆，我们需要做出牺牲，有时宁可让“拥有”的资源少一点，只要能满足用户的需要。这里有一个平衡的问题，怎样找到一个平衡点是我们需要探索的问题。我们的目的是让用户意识到图书馆是必要的，做研究还是要到图书馆来。所以我们要努力发挥图书馆作为人和信息的中介功能。

顾晓光：是的，图书馆员的中介作用并非像搬运工一样，而是用自己的专业来辅助读者获取他需要的资源和研究。我打个比方，Amazon（亚马逊）已经打通了出版的相关流程，读者用60秒钟可以下载一本图书，并且还可以做自出版。作者提交作品，Amazon进行发布。但其中的编辑工作却不可替代，一个好的编辑会是一本书的第二作者，他对于图书质量的影响是显而易见的，而Amazon是很难有如此多的编辑力量来进行此项工作的。

吴建中： 我认为 Amazon 想替代的不是编辑，是出版社。编辑是需要的，知识生产需要作者和编辑，但 Amazon 想把出版社排挤出去。出版社也是一个中介，它不需要出版社这个中介了。出版商和图书馆员一样，都是保守的。在数字出版方面，出版社是很保守的，最不愿意向图书馆提供电子书服务的就是出版社，他们是抵触的，想守住以前的地位，但守是守不住的。Amazon 要把出版社这个中介地位排挤掉，但不可能被完全排挤出去，因为出版也是一门专业，这和图书馆有些相似。

顾晓光： 出版社的出版流程和图书馆的信息传播流程差不多。Amazon、Google（谷歌）和出版社、图书馆中介化的作用是差不多的。

吴建中： 是差不多，您说得对。

顾晓光： 刚才讲出版社的编辑有智慧投入在图书里，图书馆员服务读者时也有智慧投入，来影响读者的研究深度。现实是，虽然我们做了很多工作，但很多研究者根本就不想去寻求图书馆员的帮助，并不关心你的工作。那我们该怎么办？

吴建中： 把读者拉回来。有两种方式，一种是实体形态的，比如说拉住现有的读者，发现潜在的读者。但人家不来怎么办？光来看书吗？你有多少值得我看的书呢？我最近看了一些资料，从国际图书馆发展的大趋势来讲，以前重流通指标，比如图书的借阅量有多大，现在更重社会活动的指标，比如，有多少阅读活动，多少讲座和展览，多少研讨和交流活动等。如今更强调图书馆作为城市第三空间的作用，让读者来到图书馆参与更多的社会交流活动。以前讲座和展览被认为是非核心业务，现在变成了起主导作用的核心业务，也就是说市民参与图书馆组织活动的数量应该成为今后更主要的指标之一。怎么拉回来？我们还要从深度上做文章，在资源上吸引读者。比如说某个大学有个新的专业——纳米技术，图书馆就要竭尽全力收集与纳米有关的资料，告诉他们我这里是纳米资源的中心。最近图书馆做得最成功的地方就是发展了 Information Commons（信息共享空间），信息共享空间的目的就是让读者回来，你要资源，要上网，要交流，那就到图书馆来。在这里你可以喝咖啡，和同事闲聊，向专家请教，你还可以给别人上课，比如信息共享空间里一般有投影仪，你可以借它的设备做 PPT 演示。很多图书馆都在做努力，把读者拉回来。还有一种是用虚拟的方式找回读者，现在很多图书馆都在利用社交媒体，开展交流活动，最终的目的还是为了找回读者。

顾晓光：对于信息共享空间来说，我们有自己的场所优势。我很同意吴馆长的观点，图书馆现在面临很大的挑战，它的前景也不明朗。今后图书馆通过新技术的应用越来越好还是可能走向消亡，莫衷一是。我在刚刚结束的苏州大学数图会上听到康奈尔大学图书馆副馆长李欣女士谈到关于图书馆发展的一个观点："尽管我们的许多服务非常重要，没人说一定该我们来管。"现在已经有很多信息提供机构代替了我们的工作。

吴建中：图书馆要把读者拉回来，首先必须提升自己。比如说过去没有参考咨询，它是上个世纪五六十年代逐渐发展起来的。本来图书馆是提供书，读者来看。图书馆员有责任告诉读者资源在哪里。一开始我们做 Current Awareness，就是新书通报，继而觉得新书通报不够，我还可以为读者做更多，所以有了参考咨询，参与解答读者的问题。这样我就必须提升自己，所以相应地就有了参考馆员和主题馆员制度。上图和上情所合并后，又上升到更高的一个层次——知识服务，就是参与解决别人的问题。当然作为图书馆员来讲主要是提供线索，不提供回答。但做得更深一点，我们可以参与解决，甚至帮别人直接解决问题，比如说根据人家的需求做咨询报告或研究报告。知识服务有四个方面：一是参与政府的决策咨询；二是为 Research Community（研究群体）服务，参与他们的调查研究活动；三是参与到企业、个体企业主的生产当中；四是更重要的，参与到广大民众的知识更新中。总体来讲，我不是解决你的问题，而是参与到你解决问题的过程中。从参考服务到咨询服务，不断地提升我们的业务水平，目的是为了拉回我们的读者。拉回读者的同时，也提升了图书馆员自己。所以这是图书馆员非常重要的工作，如果说其他可以外包的话，参考咨询是不能外包的。而此类服务也不过百年的历史，我们讲图书馆员的责任也好，使命也罢，也要跟着发生变化。

顾晓光：图书馆的功能是一直在变化的，它是一个不断生长的有机体，就像我国一百多年前，图书馆还是藏书楼的概念。从这种变化来看，我们好像是在迎合读者，不管是做形象工程还是内心的职业诉求，在某些方面甚至是无限制地迎合读者。您如何看待“用户永远是正确的”这种观点？

吴建中：从大的方面看，是的，但不能说某个具体的用户是正确的。这个观点容易被绝对化。我顺着这个思路，迎合用户是需要的，因为本来就是用户出钱建图书馆的，我们是依附于设置母体的，应该去迎合设置母体、迎合读者的需要。

但从更高的要求来看，我们要引领读者，引领需求。这是艺术，大部分图书馆是做不到的。我综合了所有需求之后，就知道读者下一步想要什么，然后我应该告诉他们，应该研究什么东西，所以引领很重要。

顾晓光：Web2.0在信息时代中的位置虽不是革命性的，但也是一个不可或缺的组成部分，它将自上而下的信息发布变成了自下而上的信息传播，由此引发了图书馆2.0在国内研究的热潮，包括刘炜副馆长也在极力推动此类研究和应用。同时一些图书馆也进行了相关的应用，比如上图也有应用，包括通过豆瓣这个以分享读书和电影的网站，将上图和上海地区其他图书馆的馆藏信息展示在相应条目页面。但作为用户参与为理念的图书馆2.0却没有得到很好的发展。

吴建中：图书馆2.0是跟着Web2.0而产生的，Web3.0的出现会比较晚，当XML兴起的时候，大家都觉得可以一下子进入XML时代了，甚至Web3.0就在眼前了，但是这个时间等得太久了。连万维网的发明者Tim Berners-Lee（蒂姆·伯纳斯-李）也说，现阶段有必要逐步完善HTML，试图让全世界一下子改用XML是行不通的。图书馆2.0只是一个概念，强调我和用户是互动的。比如说OPAC里应该要有互动，但这需要整个范式发生变化。前一阵子流行Web2.0、图书馆2.0，虽然现在说的不多了，但并不意味着要过时了，这种模式还要存在下去。关键在3.0。Web3.0和图书馆3.0强调的是读懂信息，2.0以前是Readable（可读），3.0是Understandable（可懂），就是元数据、本体论。我举一个简单的例子，我们经历了三个时代，一个是卡片的时代，一个是MARC的时代，一个是XML的时代。卡片的时代是人可读，机器不可读；MARC

的时代是机器可读，人不可读，我是说一般人看不懂；XML是人可懂，机器也可懂。比如说我们建立一个知识本体，我们把它应用到知识库当中，知识库就可以按照人的需求来自行组织，更加智能化了。

顾晓光： 我举一个例子，现在很流行“SoLoMo”（社交+地理位置+移动），比如打开手机，可以寻找最近的饭馆在哪里。目前还出现一种应用是非社交化的，但它会是我们的数据分析员，通过记录我们日常行为的信息来推送相关建议。美国有个公司推出一个叫 Placeme 的应用，它通过地理信息采集到用户行为方式，然后变成了一个个人的私密助理。有个事例可以说明：有一天早晨因为重感冒没有去公司上班而是赖在床上的情况下，它提醒你私人医生的电话。因为根据它的记录，你每个工作日的这个时间的位置应该是在公司园区的停车场或咖啡间，而不是在自家的卧室里。

吴建中： 所谓真正智能化的时代是可懂的时代，不是可读的时代。我们现在还处在一个可读的时代，还没有到一个可懂的时代。图书馆员的作用没有很好地发挥出来，是因为Web3.0 上没有突破，更不用说图书馆 3.0 了。这两年为什么本体研究的进展这么慢，本体真正进入实用化的很少？图书馆员应该在这方面有所作为，将我们的分类技能很好地应用到计算机当中，应用到网络当中。应该说我们是有条件的，但是这条路很漫长。包括 Google 的副总裁也说，计算机无法告诉你世界上 10 个最深的湖是什么，只有到了 Web3.0 的时代，它才会通过语义关联告诉你。

（背景链接：Google 曾经承认：它并不会总是懂你。如果在搜索栏中输入“the 10 deepest lakes in the U. S. ”，美国最深的10个湖时，它将优先向你展示基于这些单词或者词组权重最高的句子和网站，Google的同事和其高级副总裁Amit Singhal说Google不明白那是一个问题。我们能做的只有交叉双手然后祈祷有个家伙曾经在网上写过一些关于这个问题的文章或者话题。）

顾晓光：美国国会图书馆明年三月底将会使用RDA，但国内除了不多的研究者之外，还看不到图书馆应用的可能。您如何看待RDA在中国发展的可能？

吴建中：我刚才说图书馆界是比较保守的。但IFLA看到这个趋势，马上就抓住它，然后竭力推广，大家可能没有意识到RDA的推出有文化上的原因。为了克服AACR2英美本位的问题，大家都在探索超越英美本位的一般通用规则。RDA最突出的优点在于它使编目从平面化向立体化发展，从单一型向关联型发展。有人说这个新的手段用起来很难，我看了RDA后，觉得还是比较容易接受的，重要的是RDA给予你更多的空间，更多的可能性，更丰富的描述方式，为什么不去尝试用它呢？我是希望紧跟RDA，我们已经考虑在做，尽快跟上国际编目发展趋势。

（访谈后续：2013年7月，上图对西文文献及部分中文文献进行RDA编目，今后除下载的RDA－MARC21数据能被本地Horizon系统接收外，所有原编新纪录通过OCLC－Connexion将直接上传到OCLC的WorldCat数据库，近期上传数据经OCLC总部质量控制部门审校，反馈情况良好，在上图一再要求下，总部也对制作方面提出了些具体建议供上图借鉴与选用。为更好开展后期工作，目前上图采编正加紧研制RDA实施细则。随着首批RDA数据的上传，上图已成为国内首家以

RDA 规则编制记录的图情单位，数据质量获得 OCLC 肯定。详见：http：//whgx. library. sh. cn/SHlibraryNews4320008. htm)

顾晓光： 现在 MARC 还是主流，虽然编目员在一定程度上也不喜欢 MARC，读者对于数据的要求也没那么高。

吴建中： 因为图书馆员不善于变化，是比较保守的。

顾晓光： 这两年图书馆技术应用有两个热点，一是移动图书馆，二是发现系统。上图在数字服务上一直走在国内公共图书馆的前列，也是最早进行电子书阅读器借阅的图书馆。《数字图书馆论坛》曾经刊登过上图同仁关于阅读器借阅的文章。现在越来越多的图书馆开始提供移动阅读设备，开发或应用移动系统。从另外一方面看，虽然图书馆在网络服务上做了很多努力，但从全世界的图书馆来看，图书馆的网站不怎么吸引人，用户界面没有那些商业网站友好，独有的资源量不够大，传统的 OPAC 检索范围又仅限于馆藏，与社会网络资源的融合不足。现在很多图书馆越来越用心地去完善它，比如集成系统的更新应用，比如将其做成一个城市的学习中心。在这其中，发现系统是目前业界关注度很高的一个话题。您怎么看这两个应用？

吴建中： 先说移动图书馆或者手机图书馆，移动图书馆就是一个虚拟图书馆。这是一个老话题，只不过是载体发生变化了。我们要紧紧地抓住移动图书馆。现在手机用户近 10 亿，这里面多少人持有智能手机？现在可能不多，但发展会很快。现在农村的年轻人用智能手机的反而更多，因为他们缺乏资源，更希望通过它获得资源。对比这么多的用户群，我们图书馆的用户群有多少？上海地区图书馆的读者证持有者只占上海总人口的8%，这在国内大城市来讲还算是多的，所以不能忽视手机用户这个群体。今后传统互联网和移动互联网肯定是要融合的，技术上也会走向融合，所以对于图书馆来说是借用移动的技术及其平台，我们自己要做的还是内容。移动图书馆也是拉回读者的一种方式，也就是说要赢得更多的虚拟读者。

讲到这里，要讲到电子书。在这方面，图书馆落后了。以前数字图书馆考虑得更多是扫描，把馆藏资源做成数据库，在技术上没有很大的突破。现在电子书，主导权和话语权都掌握在别人的手里，像出版商、代理商，比如美国的Overdrive，它就是电子书的代理商，Amazon也是代理商。图书馆不能跟着他们跑，我们要有主动权。比如上图有新技术体验中心，我们在思考如何超越，不能老是跟在人家后面。我的书里也提到了3M公司跟图书馆合作推出跨平台的阅读器，我在想我们能不能做一个跨平台的系统？汉王、盛大等公司的资源采用不同格式，因为要保护各自的知识产权。但是对于图书馆来说，我们是站在读者利益之上的，能不能有一种跨平台的、不依赖于某一系统的格式？我想可以有的。你看现在移动图书馆或者电子书管理内容的系统是按照运营商的要求，而不是按照读者的要求来做的，图书馆应该在这方面更有作为，我们能不能提供一种通用的阅读格式来满足读者阅读不同格式的要求？这一点做到了，那么读者手上的各类阅读设备都可以激活了，但是现在还没有突破。

顾晓光：现在国内电子书的市场有些畸形。比如汉王，它的移动阅读的销售主要靠硬件，与内容的捆绑不够，因为盗版严重，用户没有养成付费阅读的习惯，这些公司的用户界面做得也不够友好，用户体验较差。我试用过当当的数字图书馆，它的电子书阅读平台做得很粗糙，资源量也不大。刚才您提到一些大型出版商，它们很多电子书不提供给图书馆。去年出版商 HarperCollins 发布新规定，电子书被图书馆借阅 26 次后，便达到借阅量的上限。这对于图书馆来说很无奈，很无助。虽然也有图书馆与版权方签订协约，按读者的访问资源数量和程度计费，按件计费，但整体上看，我感觉像 Amazon 这样大的集团真的可以甩开图书馆了。

吴建中：是的，对图书馆是一种挑战。但从 Core Value（核心价值观）来讲，图书馆有优势，它是一个公益性的机构，我完全站在读者的利益免费向你提供。我的核心价值观就是捍卫读者免费获取信息的权利，任何商业性的机构不可能有这个价值观。我们要守住，虽然现在守的空间很小，但是还要坚守住，最终读者肯定是拥护的，读者希望有一个公共的地方为我们提供无差别的服务，这是我们的使命。Google 和 Amazon 肯定是商业性质的。图书馆面临 Dilemma（两难困境），既要保护读者的利益，又要保护国家的利益。所谓保护国家利益，是指保护知识产业的发展。如果资源都被拷贝了，都被免费了，知识生产就停顿了，知识生产者就没有积极性了。既要保护知识产权，又要保证读者能够更加方便地免费获取信息，给图书馆界带来了越来越多的课题。

顾晓光：是的，特别是在创新的环境下更要保护知识产权。这还让我想起了众多国家的信息服务机构抗议国外数据库商逐年高比例上涨资源费用的行动，国外还有学者专门建网号召学界抵制数据库商高额费用。他们的理由不仅是价格高，而且是利润率太高了。在一定程度上，他们绑架了信息服务机构，您怎么看待这个现象？

吴建中：这有点绝对了。你站在它的立场上想，它需要一个 Business Model（商业模式），知识劳动的付出以及管理成本越来越高，它要取得平衡，你不能说它完全绑架了我们。我们要理解它是按照商业的市场化在走，如果它卖不出去肯定要降低的。问题在源头上。大学图书馆是不是还是大学的心脏，不是，大部分有知识产权的资源不在大学的图书馆，而在商业的、学协会的机构中，这些机构强过了公共的机构，它们才是实际上的学术中心。Open Access（OA，开放获取）运动因此应运而生，其目的是让更多的学者把知识放在公共的平台。但这个运动也要找到平衡点，也需要一个商业模式在里面，除非国家不断地给你钱。现在 OA 需要作者支付发表费用能持续多长时间?

顾晓光：是的。目前 OA 的运行还是主要靠作者支付发表费用和科研基金这两方面来支持。

吴建中：对。所以，你不能说这个商业模式绝对错了，也不能说 OA 运动绝对是没有障碍的。问题是图书馆需要从中吸取什么，我们是不是还是一个学术的中心、一个地区的心脏。如果图书馆是心脏的话，我们要吸取这个教训。过去资源都在大学和学术机构里，不在商业机构里。现在要鼓励更多的人参与到 OA 中，参与到机构库中。对于图书馆来说，需要更多地获取第一手的资料。机构库就是基于 OA 的，它的出现就是与商业机构抗争的，而且机构库不仅收录静态的知识，还有动态的知识、头脑里的知识。中国内地的机构库太少，台湾地区比较多。我们在与代理商或出版商的抗争中，需要重新思考自己的地位，你不行的话还得依赖它们，因为读者需要这些信息资源啊。

顾晓光：今年4月17日，哈佛大学Faculty Advisory Council向全校教师发表了一份备忘录（http://blog.sciencenet.cn/home.php?mod=space&uid=411136&do=blog&id=579151）。由于学术期刊的价格持续上涨，尤其是某些大的出版集团的价格垄断行为，大学图书馆面临很大困难，传统的学术交流模式在经济上已经是不可持续的。针对这种现状，并向全校师生提出9点建议，其中包括将学术成果提交到DASH（哈佛的机构库），考虑投稿给开放获取期刊等等。由此看到，商业的出版机构给图书馆带来越来越大的压力，我们该怎么办？您刚才说的机构库我们做得还不够，这同时也是世界范围内的难题，因为商业数据库目前占有大量独有的优质资源。两年前，我国众多信息服务机构的管理者在抗议Elsevier（爱思唯尔）高额的订阅费中，起到了一点作用，双方都有一些妥协。

吴建中：市场化是基础，是一个国家、一个社会运行的杠杆，不能去违背它。你去对抗它，需要与它竞争，我们要向国家建议公费支持的资源不能到商业性的机构出版，应该免费向大家提供。我们朝这个方向去努力，实际上是培育自己的核心价值、核心竞争力。如果说我们成为了学术中心，也就吸引读者到我们这里来了。但是不可能把商业机构消除掉，因为市场化会有一个平衡，我们要找到平衡点，同时要相互理解与合作。

顾晓光：是的。图书馆有个优势是集成了很多资源。Elsevier虽然好，但我们不但有Elsevier资源，还有其他优质的资源。不知道这个比喻是否合适，Elsevier 是个精品店，但我们是一个大商场，从节约用户的时间上讲，我们这里有优势。另外，在节约用户的时间上，很多图书馆推出了发现系统。高校已经有些图书馆在应用，它集成了很多国外数据库资源。

吴建中：说得对。这就要超越，超越是一个时代的主题。IFLA 的不少研讨会都冠以 Beyond Libraries（超越图书馆）的主题。发现系统不仅仅是整合馆内的资源，而且是整合网络的、社会的各种资源，它的基础是元数据。从技术上讲，它是创新的，它将馆内馆外的资源整合起来，是发展的一个趋势。问题是怎么把发现系统的内容资源做好，图书馆员要有作为，要在源头上将标签、关键词等描述方式做好。告诉作者，你发表东西的时候，尽可能多将关键词表达出来，以后本体做得好的话，这些工作就可以让系统来做了。总的来讲，发现系统是一个超越性的东西。

顾晓光：苏州大学数图会上，三大发现系统（Summon、Primo 和 EDS）的服务商也都有发言，还有电子科技大学的秦鸿有一个三家的评测，里面提到它们各有利弊。图书馆网站中的搜索栏非常重要，发现系统提供了一个较好的途径。我听了几个馆长对此的意见，他们并不排斥，但发现系统还没有推广开来，很大程度是因为价格有些高。

吴建中：问题在性价比，怎么看待成本效益。如果你的效益大于成本，你会去做，如果不是，你就不会去做。但大部分图书馆没有准备好，这个系统可能是个摆设，你这个系统不适应我整个图书馆系统，因为我可能没有更多的资源和相关环境。我们有自己权衡的尺度。我举一个上图以前买 Horizon

的例子，一开始 Horizon 提出几十万美元的价格，我们一听吓一跳，一个软件系统怎么这么贵。当时是在 1995 年左右，但我们买了，因为从成本效益来讲，我们是合算的。我们的业务链是面向新系统的，现在看来，这条路走对了。发现系统呢，要看你图书馆有没有准备好，如果你有这么多的资源和服务跟它配合的话，我想买还是合算的，但现在大部分图书馆从技术上、思想上是没有准备的，而且价格太高。

顾晓光：是的，虽然价格是商业机密，但通过国外公开的数据来看，确实不便宜，而且维护费用也不低。从我使用来看，还不错。它对我来说，是一个聊胜于无的东西，虽谈不上完美，但方便很多。不过发现系统给的搜索结果太多了，我们看 Google 的搜索结果才几页？这就需要发现系统更多要考虑数据如何排序的问题。读者是不关心你投入多少的，只需要知道它有没有用。

另外，图书馆与商业机构并非只有买卖关系，还有很多非商业化的合作，比如刚才所说的豆瓣图书上有上图书目信息的链接。还有上图与盛大公司也有关于电子书方面的合作，请您谈一谈。

吴建中：首先上图是开放的，愿意与任何机构进行合作。跟盛大的合作是一项突破，突破点在于盛大有独有的网络文学。盛大的网络文学是收费阅读，一个新的阅读形态。我们能不能把它变成免费阅读，而且能够让读者较快地得到连载过程中的最新资源，这就是上图的创新了。除了愿意与任何机构合作，我们也愿意尝试新的东西，不过要考虑新的东西有没有可持续的价值。如果只是一个一两年的东西，我们不感兴趣。如果这是一个有未来前景的东西，我们愿意尝试。我们把握的原则是可持续的、开拓性的。我们还会有一些新的项目，根本是开放。

顾晓光：您于2001—2005年连续担任了两届IFLA管理委员会委员，刚才您也谈到2005年认知报告的影响。您担任IFLA领导职务这几年，是互联网高速发展的时期，也是图书馆相关技术、应用及理念变化很大的阶段。请您谈谈在IFLA工作的情况。

吴建中：我觉得在IFLA感触最深的是参与到它的决策过程当中。这对我本人来讲，也是一个重大的转变。我们过去讲国际化，更多是象征性的。到了这个平台，怎么去争取话语权？比如说Caucus Meeting（即由相关语言或国家组成的团体在国际图联大会期间进行协商的会议）增加了中文，Chinese Caucus Meeting，就是我任期时做的推动。我也参与了中文变成官方语言的推动。到张晓林馆长任期时，中文最后成为了官方语言。除了争取话语权，同时还要向国外同行学习。上管理委员会讨论的都是大问题。而大的问题，都是引领性的。我接触到的都是一流的人才，看到的都是战略性的报告。各个委员会的战略报告都要通过管委会。比如多元文化委员会做的报告，我看到后，就在上图尝试了多元文化服务。这些与参与到决策层是分不开的。

这使得我可以站在一个比较高的视野上观察问题。有人说，你为什么知道那么多国外的东西，因为我可以站在一个更高的高度去观察和思考。国际化非常重要，如果大家都有一个国际化意识的话，不至于2005年这一系列的重要报告没有引起足够的关注。人家在变，是穷则思变。我们得到文化大发展的恩惠，现在是投入最多的时候，但没有思考变，我们要有危机感。以后文化的投入会减少的，因为如果医疗、教育等公共服务都达标的话，文化的投入就不会有这么多了。这本书也是在起一个警醒的作用，我们要变。人家在变，是因为没有钱了，我们不变，是因为我们太有钱了。

顾晓光：上图的二期有什么规划？

吴建中：已经有规划，二期已经进入市委的工作要点报告。我们不想简单地建一个二期，而是希望二期是一个体现图书馆员中介者价值的、无所不在的图书馆。

顾晓光：会有一个超越？

吴建中：应该要有超越。你看现在我们的阅览室分布：人文社会科学阅览室、自然科学阅览室等，以后不可能了。以后会是一个个专题的阅览室，以主题馆的方式来建设，里面会有静态、动态以及人头脑里的资源汇聚，首先是人与人交流的中心。这对于馆员的要求也越来越高，需要你更好地服务这个思想库、知识库。

顾晓光：未来的图书馆对于馆员的要求越来越高。目前国内图书馆的实践和图书馆学教学存在某种程度上的脱节，一方面图书馆学的教育为图书馆输送了什么样的人才以及很多图书馆学专业的学生不把图书馆作为职业的第一选择；另一方面，有些图书馆不愿意接收图书馆学专业毕业的学生。现阶段，我国没有一个图书馆员的职业资格准入制度来保障图书馆员的职业素养。您不仅是一位管理者，也是一位学者，如何看待行业与专业的这种关系？

吴建中： 这造成了恶性循环。从源头讲，图书馆本身不争气。一个是图书馆的工作环境不争气，一个是图书馆员的社会地位不争气。图书馆员不是公务员，很多国家的公共图书馆馆员是公务员，而且像美国图书馆员必须是硕士。我们不是，从教育角度，必须考虑市场，如果这个市场没有吸引力，毕业后就不会去。而且，我们热衷于改名，像南开大学，改了好几次名：1987 年从图书馆学系改为图书馆学情报学系，1994 年再改为信息管理系，1999 年改回图书馆学系，2005 年再改回信息资源管理系。原因是现在公众对图书馆的认知不好。有些地区建图书馆还不想用“图书馆”这三个字，我说一定要这三个字，这是个观念问题。为什么不要？是总觉得图书馆地位低。我在世博会期间，CCTV 记者采访我时，最后他问我学什么专业的，我说学图书馆学的，他接不上话了，可能想图书馆学专业怎么来谈文化创意？所以我们的认知要改变。2005 年，国外在变的时候，我们没有跟上，我们差了很多年。我希望我们能够真正的国际化，真正地看到我们的位置。

顾晓光： 还有一种说法，图书馆如果改变是找死，不改变是等死。

吴建中： 有意思。不过我还是看好。人家说图书馆员去中介化，我们的底线是不要边缘化，我们还是要坚守自己的核心价值。如果没有这个核心价值，你立足的空间就没有了。从边缘化走到中心，你需要花多大的力气？我告诉我们的员工，尤其是年轻的员工，再要回到过去的地位，你要跑步的，光走是不行的。

顾晓光： 正如您所言，我们要有危机感，很多图书馆也出现了加班很严重的情况。作为管理者，在考虑“以人为本”的时候，“人”不仅是用户，也含有图书馆员作为服务主体权益的考量。在上世纪末上图率先推出了365天开馆服务，当时《新闻联播》做了报道，由此引发了此后多馆进行的全年无休服务。在方便用户的同时，也有一种反对的声音：作为一个非特殊行业的服务机构，图书馆员应该享有国家法定节假日的权利。即使西方发达国家的图书馆，也很难见到365天开馆服务的。经过十多年后，图书馆在整个社会的信息服务发展下，已经可以多样化地进行服务，包括7×24的网络服务。

吴建中： 365天开放与否不是根本问题，因为通过换班，可以解决员工休息的问题。我觉得这是一个拉回读者的措施，如果一个图书馆可以做到7×24的话，没有必要做到晚上八点钟闭馆，提前一点也可以啊。国外很多图书馆每月都有一天闭馆，他们很有自信，也能够提供很好的服务，读者也不反对。我们没有别的手段了，只有这个手段，让读者知道这个空间可以开放到晚上八点钟甚至十点钟。如果我们资源更强、手段更多、底气更足的话，缩短一些又如何？还有虚拟空间可以补偿啊。我们现在缺乏更好的方式让读者信服图书馆是必要的。当然，这句话可能会有误导，在没有更好的方式之前，还是要增加服务时间，吸引更多的读者来馆。

现在是怎么样确保员工的地位。通过确保员工的地位，让员工体面地工作，然后让他们发挥更大的价值。如果员工收入很低却又让他们拼命工作，这是折磨他们。作为馆长，我们要向上级争取，让社会知道这批人是知识劳动者，应该有更好的收入。作为图书馆的管理者，关心员工是第一位的。如果员工不能与你一起努力工作的话，还谈得上什么专业地位和社会尊严呢？

顾晓光：您怎么看待颁布在即的《公共图书馆法》？

吴建中：这次的《公共图书馆法》是象征性的。我们不能说它对图书馆从业者会有多大的制约或者说对事业会有多大的激励，只能说有了这个法就有了一个基础，我们可以不断地去修改和完善。

顾晓光：这个法更多是保护读者的还是保护图书馆员的利益？

吴建中：法是制约性的，首先是用来制约地方政府的。比如多少人口必须有一个图书馆，否则就是违法。现在没有这个法，图书馆的建设就靠政府管理者的心情，所以法是保护大众、制约政府的。有些人认为这个法没有多大作用。上次中国图书馆学会理事会上，我说不要再发不同的声音了。如果这个法不通过的话，对我们图书馆事业的发展是没有好处的，有了公共图书馆的法，以后还可以有大学图书馆的法。尽管是象征性的，但它是一面旗帜，值得高高地举起来。

顾晓光：1995 年，上图和上情所的图情一体化开国内先河，但到目前来看，并未形成一种风气，您认为其中的原因是什么？图情一体化的优势在哪里？

吴建中：上图和上情所合并的最大好处是优势互补，也是拉回读者的一个方式。原来，我们只有最基本的服务。通过合并，我们加强了咨询服务和情报服务，现在我们在强化这个知识服务，即如何更好地将知识挖掘出来，为更广大的利益相关者服务。但是，我还要强调图书馆员不仅是回答别人的问题，更要参与回答别人的问题。随着来自读者的问题越来越深，你的回应能力也要越来越强。所以，馆所合并的最大优势是我们参考咨询的能力加强了。现在很多政府机构和企业愿意与我们合作，看重的是我们的资源和人才。最后我讲一下图书馆员这个职业。像医生、律师地位很高，本身能力很高，他们不依赖于资源和设施。医生在任何地方都可以给你看病，律师在任何地方都可以回答你的问题，并不依赖于场所。而图书馆员过分地依赖场所，如果他有很好的知识整序能力的话，也可以不依赖于物理的场所，他到任何地方都可以给你指导，所以图书馆员本身需要变化。要向其他的专业学习，提供个性化的服务，要培养参与解决问题的能力。

顾晓光：现在的学科馆员就是要走出去，走到所要服务的群体中去。

吴建中：学科馆员或者主题馆员，都是站在读者的立场上提供服务。我们这方面的意识增强了。我们和其他图书馆不一样的地方是参考咨询和知识服务的能力提升了，我们现在的一些馆员已经具备了知识服务的能力，我们的管理就要适应这一趋势，加强创新与转型。如果我们的工作诸要素都向这个方面转型了，那么转型就成功了。我们也希望建一个高效的、提供知识服务的图书馆，我们还在努力，需要技术，更需要思想。我们需要有这方面的理念，使得图书馆朝着这个方向去发展。

至于国内没有形成图情一体化的潮流，主要是因为行政因素吧。合并了机构就少了，但有谁真正愿意减少机构、减少领导职数呢？当然各地有各地的想法，我这只是一家之言。上海图书馆之所以磨炼出了知识服务的能力，与图书馆和情报所合并是分不开的。

顾晓光：谢谢您百忙之中接受采访，等会儿我还要与赵亮见面。

吴建中：顺便说一句。昨天我和赵亮（上海图书馆系统网络中心副主任）聊天的时候，共同谈到了一个词：Relationship（关联），OCLC 不是有本书讲追求同步吗？它说过去我们讲 Reference，而现在提倡 Relationship：在混沌的环境中，我们如何找到秩序。其实作为知识整序来讲，每一个信息都与其他信息有关联，而我们就是要努力把这些关联理出来，阐明它们之间的关系。这就是我们的追求，让每个东西都有它的位置以及它与其他事物之间的关系。我们以前在资源描述时主要考虑它物理的位置，没有考虑它虚拟的位置和关联度。关联的问题并不限于资源描述，还有信息服务，也强调关联，OCLC《追求同步》这本书就是对参考服务讲的。总之，混沌是永恒的，秩序是相对的。图书馆建立一定的秩序，并不是要固化它，而是要丰富它、发展它。人类一直试图规范一个混沌的大千世界，尤其是想用自上而下的体系去约束它，但一旦人们发现一切都被机器化、格式化之后，相反这个世界就没有那么美好了，所以混沌不是坏事，多样性激发创造和创新，我们要善于自下而上地去建筑一个更为多样化的世界。

顾晓光：谢谢吴馆长。

吴建中：谢谢顾老师，欢迎常来上海图书馆。

（访谈日期：2012－06－13）

吴建中简介

吴建中，男，上海图书馆馆长，上海科技情报研究所所长。1978年毕业于华东师范大学外语系，1982年获该校文学硕士学位。1992年获英国威尔士大学哲学博士学位。2002年1月起任上海图书馆馆长、上海科技情报研究所所长。主要社会职务有：上海世博会主题演绎顾问、全国社科基金评审成员、中国图书馆学会副理事长、上海市图书馆行业协会会长，曾任国际图联管委会和专业委员会委员（2001—2005）。出版有《21世纪图书馆新论》、《国际图书馆建筑大观》、《世博会主题演绎》、《和谐的进步》、《转型与超越：无所不在的图书馆》等著作20余本。

上海图书馆　上海科学技术情报研究所简介

上海图书馆是一个研究型公共图书馆，建于1952年。上海科学技术情报研究所是一个综合性科技情报研究和科技查新服务单位，成立于1958年。1995年10月上海图书馆与上海科学技术情报研究所合并，成为国内第一个省（市）级图书情报联合体。

上海图书馆新馆1993年奠基动工，1996年12月正式对外开放。其占地面积为3.1公顷，建筑面积8.3万平方米。主楼由58.8米和106.9米的两座塔形高层和五层裙房组成。多维台阶式块体顶部造型如同自然生长的台阶，象征着文化的积淀和人类向知识高峰的不断攀登。

上海图书馆拥有设施完善的阅览室、个人研究室、展览厅、学术活动室以及报告厅、多功能厅和音乐欣赏室等；采用现代化文献采访、编目、流通、书目查询等功能的计算机集成管理和服务系统；引入先进的技术和设备，助推读者的阅读，相继推出外借数字移动阅读器、手机图书馆、电子阅报栏、网上委托借书、“e 卡通”——上图电子资源远程服务、无障碍阅览室等现代化数字服务新举措。“新技术体验中心”在传统业务模式的基础上探索多元化、人性化的服务体验。

上海图书馆馆藏丰富，门类齐全，拥有图书、报刊和科技资料 5200 余万册（件）及 15 万余张老唱片等非书资料。上海图书馆为上海市古籍保护中心所在地，馆藏历史文献 370 万册，距今 1400 年的《维摩诘经》是上图最早的藏品；拥有家谱 2 万余种计 20 万余册，是国内外收藏中国家谱最多的图书馆。

上海图书馆实行免费办证，坚持“360 行，行行可以办证；365 天，天天对外开放”；探索现代图书馆的多元化服务形式，形成了上海市中心图书馆“一卡通”服务体系、上海公共情报服务平台、“上图讲座”、“上图专递”、“上海之窗”、网上联合知识导航站、《全国报刊索引》数据库、上海年华、馆藏文献精品年展等十多个具有相当影响力的现代服务品牌，受到社会各界的欢迎。

上海图书馆以“积淀文化、致力于卓越的知识服务”作为组织使命，以“精致服务、至诚合作、引领学习、激扬智慧”作为核心价值观，向着“世界级城市图书馆”的目标迈进。

02 复旦大学图书馆馆长葛剑雄先生

在葛剑雄先生2007年3月任复旦大学图书馆馆长之前，我知道他是一位知名学者。我有个朋友听说我要采访他，说一定要让我向他问好，因为受他的思想影响很大。我看过葛先生的著作，后来现场听过他的讲座，也从中获益匪浅。在他诸多的社会角色中，最吸引我的是历史地理学教授。

我有幸与葛先生见过几面，而且与他同行过南非和埃及。在非洲12天的时间，他给我的印象是有着很强的人文素养和专业知识，会不厌其烦地回答我这个后学的种种问题。旅行还有一个很大的好处是加深对一个人的了解，他有着我喜欢的人格魅力：开阔的思维、包容的心态和老派文人的情怀。

他是文革后的第一代研究生，重新求学的时候已经33岁，1981年起任职于复旦大学，1983年获得博士学位。他是某种典型的1980年代学人，用北京大学教授钱理群先生的话说，这一代人在1980年代的思想解放运动中，通过痛苦的反思获得一次真正的觉醒；同时又在历史提供的特殊机遇中，与直接承续了“五四”精神的老一辈学者相遇，不仅接受了严格的学术训练，而且在精神谱系上，与新文化传统相联结，并进而把自我的新觉醒转化为新的学术。

作为一个个性十足的人，他的学者身份和图书馆馆长角色都给他引来一些争议。他做了复旦大学图书馆馆长一年后，我曾经向熟悉内情的同行询问葛先生做馆长做得如何，得到的答复是他管得有点多了。

我对这个回答一点也不觉得惊讶，这就是我所认识的葛先生。他既不会去做名义或者名誉馆长，也不是那种八面玲珑的管理者。他有着自己的管理哲学，向上要钱，向下服务。对服务的对象有人本的关怀，对协助服务的同事和领导又有点眼里不容沙子。这在此次访谈中也得到了体现。

今年，由于保安的失职，小偷在图书馆偷走了一位学生的iPhone。葛先生从放弃的津贴中拿出4000多元，赔给了这位学生。他体谅弱势群体的保安，但又要维护图书馆的规章制度和读者的权益，这是很多人不所知的。

他认为他们进行的还是最基础的服务，图书馆应该有的一些职能还没有发挥出来。他希望人们不要过度地运用新技术，更是反对“唯技术论”，提倡人们将自己空一下，生活、学习和工作的节奏不要那么快。但是，他又不排斥技术的应用，而且也是实践派，从做了十年的数字化地图，到现在作为图书馆馆长进行数字化的诸多服务。

同时，他还写博客和微博。他的微博有 31 万的关注者（注：截至 2013 年底，有超过 100 万的关注者），主要用来解答专业知识和用户对图书馆服务的问题。他甚至不厌其烦地回答一些回复过多次以及非常琐碎的问题，充当了网络信息咨询员和图书馆服务投诉站的角色，这在图书馆馆长里面是少有的。

他反对公共文化服务中的民粹倾向，从中我能感受到，虽然“卑贱者最聪明”的时代已经过去，但我们更应该吸取之前的教训，用“以人为本”的服务理念、更加科学化的服务态度和更加务实的服务方式，合理地进行文化发展的投入。

这位 62 岁才成为图书馆员的学者，与他所尊敬的导师谭其骧先生有着除了专业之外同样的经历。谭先生作为历史地理学的泰斗曾经也是一名图书馆员，在当时的北平图书馆编制馆藏方志目录，兼为袁同礼馆长代笔作些文字，如有些展览介绍。师徒二人不仅在相同的专业上造诣深厚，而且在图书馆员这个职业上也有着一种生命的遇合。

葛先生当馆长后，忙于很多行政事务。他说没有时间好好看书，全是忙杂七杂八的事情。一定要在这一届任期内卸任，不再续聘，给后来人以成长的空间。

顾晓光：您是从 2007 年 3 月份起，开始担任复旦大学图书馆馆长。从读者到服务读者的角色转换，有什么特别的感觉，或者说有什么之前没有想到的？

葛剑雄：这些年来，我是用图书馆比较少的，但是也听说了图书馆种种的弊病。我的学生、我周围的朋友都跟我讲过图书馆服务方面的问题，比如学生在毕业前与图书馆弄得不愉快、平时的服务不好。这些意见不光是对我们图书馆，对社会上的图书馆也是一样。我的学生去国图，借一本书要很久，而且有些项目要收费。

所以，当时想既然做图书馆馆长，我就尽量去改变一下目前的状况。当初校方找我谈话的时候，说我用什么方式工作，校方不干涉。但是我要负全责，而且不能辞退员工。有历史问题的，慢慢消化掉。

但是，真正工作下来以后，应该说有些方面比我预料的还要麻烦，比如说有心理疾病的，有在门口打起来的，还有大家抱怨待遇低。在馆藏方面，虽然我们说藏书450万，其实这包括了复本，比如《英语900句》，可能有上百册。很多复本是没有意义的，无效的。

应该说经过五年多，明白了图书馆本身应该做什么，而且现在基本上能够按照我的意图去做了。

顾晓光：除去历史原因，像40岁以下的馆员角色和您想象的图书馆员的身份吻合吗？

葛剑雄：到现在为止，我对学校校长、党委书记以及学生都说，我们进行的都是低端服务，正常的图书馆职能还没有完全发挥出来。

顾晓光：还没有办法？

葛剑雄：还没有办法发挥，我们进行的是低端服务，我们这两年逐步做到了。

顾晓光：以前做得不好？

葛剑雄：对啊。所以，我提的口号是"读者至上，服务无疆"。但是，一方面，作为211大学，复旦大学人均图书馆的建筑面积低于教育部标准，我们硬件方面还不够；在员工方面，这几年才有硕士、博士入馆工作。虽然以前也有，但这几年才大规模地引进。要做到学科咨询、学科引领，那差距还比较大。

这几年，数字化的势头很猛，但是我们连续三年没有招聘到数字化方面的人才了，因为图书馆的待遇是个问题。即使在复旦大学，他们可以去信息中心，待遇也比我们高。别的部门有些收费的项目，而我把很多收费的项目都取消掉了，收支两条线。我们的待遇怎么办，怎么既吸引人才，又要做好图书馆的服务，这是问题了。

顾晓光：这可能是高校图书馆普遍存在的问题。

葛剑雄：对于复旦大学来说，还有一个不利的地方。在很多重点高校里都有图情系，复旦大学是没有的。所以我们的骨干都要从外面来，自己的毕业生是不懂图情的。同时，很难使我们的骨干双肩挑，既有图书馆，又有院系，可以进行科研任务、解决职称等问题。这也是我们员工的一个困难。

所以说，我先做的是最紧迫的问题，把低端服务做好。至于其他服务，有人建议做讲座服务，我说暂时不搞，复旦大学不缺讲座，我们连诺贝尔奖得主都可以请来，用不着图书馆来做这种事情，而且我们的主校区连讲座的地方都没有，我们的主要精力不在于此。再比如说，电子课程的问题，我们要先和教务处、科研处等部门协调好，所以，先保证最基本的服务。

顾晓光：图书馆的服务有层级服务，比如满足一般需求的基础服务，满足教学、科研或者企业的高端服务。我们是不是可以通过一些高端服务或者增值服务进行收费？

葛剑雄：绝不做，除非有物质成本的，比如说复印。我测算了一下，标准 A4 纸的成本是九分多钱，我们不考虑机器折旧，就只收取一毛钱。有学生说校园里还有更低的复印服务，我专门去调查，结果发现用纸不一样。这些纸质量低，而且可能损害机器，所以我们不能用。我坚持只收成本费用。

即使是高端一点的服务，比如说辛亥革命 100 周年纪念时，有人要查阅相关史料，我们也统统免费服务。包括古籍、善本的拍照，我只要求读者签一个承诺书，保证不用于商业目的就可以了。

顾晓光：如果商业机构用户需要你们提供服务呢？

葛剑雄：那需要收费。如果有机构需要出书，那就按照行规，一页收多少钱。你是商业机构，我为什么要免费给你服务，但是我们也会把这些收入统统上交学校的。

顾晓光：您担任馆长后，取消了针对教工和学生的一切收费，包括以限制借阅来替代延期罚款这个普遍采取的做法。从目前的结果看，这项措施效果如何？

葛剑雄：是的，而且把读者以前超期的也免掉了，不要再用这些办法了。目前总的来看，效果是好的。我们先通过提醒，逾期后还不归还，就停止借阅权。我们把借书量扩大到 30 本了，准备还要扩大，以后再看看是不是研究生可以做到无限量的借阅，因为现在出借的书是很小一部分。但是超期确实是一个问题，这不光国内是这样，国外也一样，不过他们通过一些措施来尽量避免。最近发生一例，有位读者超期，我们催了他好几遍，他不还。我们只好把最后的一本保存本借给需要用的一位读者。还有一个问题，旧平装书价格不菲，有些读者借后不还，主动按照10倍的价格赔付，但这本书的市场价格早涨到20倍了。针对这个现象，我们会有两个采编部的馆员核查、定价，来避免这种情况发生。如果读者嫌我们定价过高，他可以拍卖后送来，我们每本书收取10元加工费就可以了。有人说，你要相信学生的诚信，我说这是有条件的，我不能任由国有资产流失。相信学生，不是相信每一个人。这要与我们采取的一些措施区别开来。

我们也不想搞得太繁琐，比如有人建议用现在的电子座位控制系统来解决占座问题，我不倾向于这个。占座现象的出现主要是因为我们满足不了同学的需要，虽然会有一些不自觉的学生。我们可以向学校反映，教务处加以配合，增加开放空调的教室，这样矛盾就减少了。目前是如果教室坐满70% ~80%的学生，马上开第二个。不要动太多管人的念头。

顾晓光：中山大学图书馆也通过其他方式来替代了罚款政策。但目前这种非罚款的处罚并没有在高校中广泛推广开来。

葛剑雄：各个学校情况不同，这也需要一个过程。举个例子，我刚当馆长不久，要求图书馆里的卫生间都要有卫生纸、洗手液和烘手机。

顾晓光：我在您的一次讲座中听您讲过埃塞俄比亚的

一家高校图书馆都有卫生纸。

葛剑雄：对啊。去年花了9万元，我认为还是值得的，现在复旦大学其他的楼也开始放卫生纸了。文明就是这样一步步来的，我们不要大楼金碧辉煌，里面却连这样的服务都没有。

顾晓光：目前很多高校图书馆纸本资源的借阅呈下降趋势。您刚才提到鼓励读者借更多的书，现在的纸本资源借阅是上升还是下降了？

葛剑雄：有所上升。我们现在已经开放30本外借，另外特殊情况特事特办，还可以增加。而且，研究生和教师可以申请IP地址，任何地方都可以使用图书馆。我们也准备面向本科生，但是数据中心不配合，因为数量大，到现在还没有弄好。我还在催，因为我答应每个本科生也都应该有，这样我们的资源可以得到充分的利用，而且可以减轻图书馆的压力。读者在宿舍、家里、外地都可以使用。

今年开始无缝对接，本科生新生拿到一卡通就可以借书，以前是先拿临时卡，只能看不能借，因为教务处需要审批所有学生合格后才能开放借阅。我问他们不合格学生一年有几个，为什么就因为几个人而不做呢！本科生如果接着读研究生也无缝对接，不用等研究生报到后再开通。

顾晓光：您在一次讲座中也谈到“用户永远是正确的”这个有些争议的观点。如果用户永远是正确和服务双方沟通理解偏差的情况下，那么如何保障图书馆员自身的权益？

葛剑雄：法律还讲无罪推定，学生离校如果有欠书的话，学生说了算，哪怕电脑显示有书还没有还，学生说还了，我们准备了一张特殊情况登记表，学生签字后，他就可以走。我跟学生讲过，你们都是未来的精英，我不相信为了一本书，你们留下这样一个签名。我在 BBS 上讲，你们放心，由此造成的图书损失，由我个人赔，我决不向你们要书。我们推行四年了，基本上没有发生这样的事情。有人会说我再去找找，后来书就找到了。还有人主动要求推迟办理离校手续，再找找看。现在网上就可以办理离校手续，如果没有欠书，都可以不用来图书馆了。最近三年，没有发生过离校不愉快的事情。

最近还有一件事情，也有同事反对，但我做了。有学生的 iPhone 在阅览室被偷了，后来录像显示，保安正在和一位老师说话，小偷没有刷卡就进去了。我说这样的话，这是我们图书馆失责造成的读者损失，应该赔。但如果保安进行 4000 多元的赔偿，压力太大，弄得人家下岗了也不好，我说我们来赔，费用我来想办法，不能用公款。后来，这位学生说出乎意料。同时，这个小偷又跑到文科馆，也偷了一部手机，我们通过录像看，是小偷向一位大一的学生借了卡进去的，这样的话，图书馆是没有责任的。我们教育这位学生，并停止他进入图书馆一段时间。

现在这位保安认真得不得了。我讲如果再发生这种事情，就需要保安赔了。我们都要分责任的。

顾晓光：我在微博上看到很多人称赞您对于此事的处理方式。对于高校图书馆向公共开放服务，您的一个观点是“坚决反对把大学图书馆全盘变成公共图书馆。比如从硬件上，大学图书馆就不具备向公众开放的条件”。但同时，在社区图书馆不发达的今天，复旦大学图书馆又在很多方面为公众提供

了很多服务，请再谈谈高校图书馆的公共服务并介绍一下复旦大学图书馆在公众服务的举措。

葛剑雄：我始终坚持高校图书馆绝对不能全部开放，而且也根本没有必要。第一，我们的高校图书馆在建筑设计上没有考虑到向公众开放的容量，大多并不具有这个条件；第二，解决公共服务的主要责任在政府，比如在上海地区，通过上海图书馆市区联动、网络化管理，普及到每个街道。图书馆的建设应该像公园一样，多大范围内必须有一个图书馆，要社区化。对于特殊的需求，比如上海图书馆没有的书，街道没有的书，我们可以提供服务。

国际上的高校图书馆也没有自由到这个程度，大多数是只允许非本校读者进入，坐到里面看书，不能够借走书的。个别可以借走的，会有一系列问题，包括社会的诚信程度、社会治安等。我们不能做鸵鸟政策，这是不现实的，没有必要这么做。

现在我们面对公共服务存在一种民粹化的倾向。我是一开始就反对博物馆无条件的免费开放，我在报上写过。比如上海博物馆原来门票只有20元，你说上海有多少人20元出不起？我们对公民的教育是：我要提供你服务，你也要付出，这才是正常的。对于一些人，我们完全可以采取定期发免费券，学有些国家每周或者每月一天免费开放，对老人、儿童、残疾人免费。完全可以通过这些方式解决，没有必要普遍化。现在政府每年投入二三十个亿，效果怎么样呢？中国老百姓不上博物馆，不是上不起，而是大多数人没有这个意识。上海博物馆一度外国人比中国人还多。这样一来外国人也不能收费了，何必这么大方呢？我们到联合国还要买票，有多少地方不买票啊？

有人说，这是纳税人的钱。我说中南海也是纳税人的钱，你能随便走吗？国防部也是纳税人的钱，你能去吗？纳税人把钱交给政府，已经授权政府分别使用了。政府给我们这部分钱就是高校来用的。我反对盲目地为公众服务，如果公众有特别的需求，我们会提供，但是我不希望为了看两本书，看看《人民日报》也跑到我们图书馆来。如果有特殊情况，比如周围没有社区图书馆，我们可以通过与社区共建的方式，有组织地向他们开放，这是可以的。

还有这里面牵扯到法律问题，很多人不懂。比如说我们和杨浦区共建，他们要求我们向他们开放数据库，因为有合同的限制，我不同意。我后来采取什么变通的办法呢，请他们提供一个 30 人的名单，我们将这些人聘为一年期的复旦大学访问学者。有些人，包括校友，在微博上说上海交大为校友开放数据库，我说如果这样做，那是非法的，因为校友是不断增加的，费用如何满足？我对他们说如果有特殊需要，我们特殊办法解决，可以通过原来所在院系的学生帮助你，或者你来图书馆看。

在中国，要防止公共服务中民粹化的倾向。我们领导不要不负责任地动不动就采取这样的措施，在一线没有准备，也没有调查研究的情况下，不要轻易地表态。

24 小时图书馆，其他地方也是没有的。人家一般相当于自习室的地方才是 24 小时开放的。还有，我在美国时发现，院系可以给教师和学生一把钥匙，你可以到资料室用，这是建立在信任的基础上的。微博上有人告诉我，哈佛大学有 100 多个馆，真正做到 24 小时开放的只有一个馆。

顾晓光：说到 24 小时图书馆，我想到我国国家图书馆和省市级的很多大型图书馆都已经 365 天开馆了。前一阵儿，微博上有个深圳市民去深圳图书馆，结果深圳图书馆由于检修

而没有开放，他在微博上表现出不满，而图书馆界的很多同仁就此发表了很多评论。我并不认同现在的图书馆需要365天开馆，我的理由是，作为非特殊行业的员工，也理应享受一个公民享有节假日的权利。我们可以通过周六、日开放来满足上班族的需求，而在一年11天的公共节假日，图书馆没有必要开放。您怎么看公共图书馆的365天开馆？

葛剑雄：我任馆长后做了一件事情，在法定节假日期间闭馆。以前是开放的，我为了这件事情，讨论了两年。我给学校打报告，征求各方意见，开始研究生会坚决反对，最后我说服了他们。我的理由是：第一，国家设立假日，就是希望你们休息、娱乐或者继承传统文化，比如清明，否则设立假日干什么！另外，好的学校就是理应该休息就休息，该学习就学习，该工作就工作。现在又不是非常时期，我们要做到常态化；第二，就是你刚才讲的，我们的馆员有宪法保障的休息权，特别是一种特殊的传统节日，我们员工为什么不能在清明节扫墓；第三，通过考察，收集数据，发现效率很差，来的读者很少，浪费很严重。比如春节三天，图书馆才来了十几个人，而我们参与服务的馆员都比读者多；第四，我们有很多替代的办法，24小时提供网络服务，还有热线服务电话。另外，在放假前，我们征求读者意见，如果有特殊需要，我们特事特办，单独提供服务。

我是反对365天开馆的。公共图书馆有它的特殊性，但是也没有必要普遍提供这样的服务，应该通过调查研究的基础上服务民众，比如告诉读者春节开1/10的馆，假日我要关闭哪些服务。我们可以有应急的措施来满足读者，像夜间药店服务，你按门铃后，我提供服务。虽然公共图书馆在节假日有向大众提供娱乐的服务，但要从实际出发，不必强调365天开馆。我们的目的是不要作秀，要讲究实效。

另外，我反对不顾成本地大量使用机器。比如说以前有公司要赠送我们两台 24 小时自助借还机，我打听了一下，40 万元，里面只能装几百本书，如果使用期十年，加上维修费，即使赠送，成本也太高。而且 40 万如果用在员工身上，效率比它高，还可以减少员工下岗情况，要考虑我国的现实。

顾晓光：公众如果将葛剑雄和图书馆联系在一起，首先想到的是复旦大学图书馆的“公开图书馆经费”，几年过去了，除了起到了公开和透明的作用外，还有其他的收获吗？

葛剑雄：有些人对这个做法不满意，但我做我的。我们去年的招待费又下降了，下降到 1 万多。我们没有公车，我是反对买公车的。上海公共服务很好，需要车，打电话租车就好了。有人说，复旦大学总的经费怎么不公开，那我说你问校长去吧，我怎么知道。

顾晓光：现在二期的位置选好了吗？

葛剑雄：学校校务委员会，包括校长、书记以及分管的领导都达成共识，二期必须建在主校区里面，我们提了方案，但学校还没有批下来。

顾晓光：19 世纪末哈佛大学校长查尔斯·威廉·艾略特（Charles William Eliot）说过：图书馆是大学的心脏。您认同吗？

葛剑雄：可以这样说。我对图书馆是乐观的，上次开会有个美国人说图书馆没落，就要没有了。我认为图书馆作为一种工具，会逐步被取代，但图书馆作为一种生活方式、一种文化，是一直会存在的。今后的图书馆不纯粹是看书的，高校图书馆应该有各种讨论室、个人的研究室，还有可以提供各院系无法提供的新设备供大家体验，图书馆不仅是书库，信息的载体是多样的，也包括提供学生共同活动的场所。

顾晓光：那图书馆目前最大的竞争力是它的空间？

葛剑雄：可以这样认为的。空间如果仅仅指很多座位的话，那么很多座位都要空下来了。比如现在图书馆的自修服务，是因为学校的整个条件不好，如果每个房子都有空调，读者何必非要到图书馆来呢。我们拿什么吸引读者呢？我有书，有讨论的环境，至少高校图书馆是能长久的。当然，我们也要适应变化，积极开发更多职能。

顾晓光：您刚才说现在复旦大学图书馆提供了最基础的服务，您认为高校图书馆为产学研需要提供哪些更深层次的服务？

葛剑雄：这需要我们的图书馆员是国际意义上的图书馆员，在美国，能够被称为“馆员”必须是硕士以上，而且还是两门专业，除了图书馆学专业外，还有一门专业。我们下一步应该往这个方向去做，至少要面对本科生多加服务，可以通过各种形式来满足他们的要求。

顾晓光：图书馆的采访工作就像一本图书的编辑一样，是这个信息过载时代不容忽视的部分。高校图书馆如何在资源

采访方面进行质量控制，好像您直接参与其中？在这方面，院系的老师和图书馆员能在其中起到多大的作用，听说复旦大学图书馆有一个图书馆咨询委员会？

葛剑雄：我这几年做的也是基本工作。第一，大规模地削减副本，现在基本上成功了。我们是研究型大学，除了医科、理科外略有放宽，文科我坚决只买一本，不做保存本，可以出借。有人说畅销书太少，满足不了要求，我说我们是研究型图书馆，不收藏畅销书。学生、教工难道就不能自己买畅销书吗，你又不是穷到这个程度。政治书也不例外，政治学习是你单位的事情。你十块钱的书找不到，你不要来找我们。一万元钱的书找不到，你来找我们，我尽量保证有，我们是这个路子。有的老师抱怨只有一本，别人看的时候自己就看不到了。我就说难道你就不能买一本吗？我把少数民族语言的书砍掉了，因为复旦大学没有多少人研究。个别研究者尽量用自己的经费来买，如果有困难，我们也尽量帮助。有位老师研究纳西族的文字，我们专门花了几万元为他买了一套相关的资源。

从馆藏上，我们要有自己的特色，比如每年花二三十万收集江南清末民初的一部分特色资源，要有自己的特色收藏体系。家谱不收，因为家谱没有底的，而且上海图书馆已经有很多。我们也收藏方志、年鉴类的资源，特别是年鉴，我们收集的相当全。但是像拍卖的场合，我们不去，我们没有那么多钱，而且拍卖也没有什么好书。

我跟学生说，如果你需要什么书，可以推荐，如果确定购买的话，一个月内到货。

我上任第二年成立了图书馆咨询委员会，任期两年，义务的，由各个院系推荐，分四个组，每年开一次会，我向他们报告图书馆的预算等情况。平时，重要的咨询还会找他们，也有院系的教授、副教授选书很精明，帮助我们选了很多好书。

我们每年砍掉大约3%～5%的杂志，因为现在数据库的资源已经很多了。这样做有好处，我们的采购品种是全国高校第一，一般读者推荐的图书，我都尽量满足他们。

顾晓光：数据库的购买情况如何？

葛剑雄：关于数据库，比如Science，他们的订阅费要涨200%，而且根据下载量还要收钱。我就下令停掉。很多师生有意见，我说为什么不能停掉呢？我们有三本纸本，如果你需要，马上给你。的确，纸本的刊物要比网络版要晚半个月，那我就问复旦大学的水平与国际水平差半个月就来不及了？你实在需要，可以自己订，价格要便宜很多，你们有那么多经费，为什么不订？他们向校长抗议，我说复旦大学离世界一流大学差得很远，不订就是不订，后来上海交大也停订了，他们就没有话讲了。

我觉得我们对数据库要有自己的选择，我们想抵制高涨的联盟建立不起来，因为校长、院士出面，他们说非订不可，我说院士有什么了不得？他们说我们要建世界一流大学，那我说你来管图书馆吧。图书馆我说了算，我是不客气的。上次，还有个别数据库商鼓动教授来订，那位教授说自己是Elsevier的编委，我说我也是Elsevier的编委，你既然是编委，为什么不为读者说话？你有一本，你为什么不给系里的人看？给师生看是合法的，因为用于教学。我们顶住了，他们让步了，从两万英镑降到两千英镑，而且还可以把以前没有的补上。

我们图书馆要有一定的主意，而且学校也要给我们一定的支持。有些院系可以让个人去订，然后公开，也是没有问题的。

还有，我提过几次的，国家本来应该用于图书资料的钱，比如所有上报的项目都有图书资料费，都花到哪里去了？我跟教育部、财政部提过，今后国家大的项目拨款中，图书资料费应该拨到图书馆代管，专款专用，你不买书就要上交。现在漏洞不小了，好多单位500元以下的书可以不入账，那将1000元以下的书开成两本就规避了。有人还叫分管校长出面说情，我说你找财务，我这里500元以上的书，不拿书来，不编目，我绝不签字报销，谁讲都没有用。最近有个1500万的大项目，他们的工作人员说因为用书量大，来不及拿到图书馆去，我说我可以派人到你们那里做，这没有什么来不及的。

顾晓光：现在复旦大学图书馆有3000多万资源费吗？

葛剑雄：不止，现在各项费用算上有4000多万了。去年电子数据库的订购经费是1300多万，已经超过纸本资源了。

顾晓光：前年，包括您在内的很多国内图书馆界的管理者发起了抗议国外数据库商逐年高比例上涨资源费用的行动，并呼吁担任国际出版商学术期刊编委、审稿专家、顾问的我国专家学者，积极向国际出版商施加影响，要求他们正视中国的发展中国家地位和经济现实，制订符合中国国情和保障可持续采购的价格政策。在发达国家的图书馆也同样面临这样的问题，请问最后的结果如何？

葛剑雄：毕竟是有效的，但是他们让的幅度没有台湾地区那么大。最后是涨幅控制在10%～15%吧，我们也不反对涨，但不能这么涨。台湾地区在那一年的抵制后，涨幅在5%～8%。

顾晓光：我觉得是不是应该将结果告诉我们，毕竟你们发布了公开信，还是要给公众一个结果。

葛剑雄：这可能涉及商业机密的问题。

顾晓光：学界有一个争论，高校图书馆的馆长是以图书馆学专业的学者担任还是以像您这样更有社会影响力的非图书馆学专业的学者担任。

葛剑雄：我觉得从实际出发。非专业的学者做馆长必须学习，不能连基本的业务都不懂。虽然很多具体的工作我不知道，但是大的方面我是明白的。无论是数字化技术、采编还是其他基本的东西，都唬不了我，也蒙不了我。

顾晓光：不是去当撒手馆长。

葛剑雄：对啊。你肯管才好。现在有学生要求，我们最多需要一天时间就要解决。我等会儿还要上微博，把读者的需求发给某个具体负责的同事，明天上班后，他就要分给各个部门处理，基本上当天就向我汇报，哪怕我在国外。

顾晓光：在图书馆学界，还有一个争论：很多图书馆不愿意录用图书馆学专业的毕业生和很多图书馆学专业的毕业生不愿意到图书馆工作，这是图书馆的问题还是图书馆学教育的问题？请问你们这几年对新入职的应届学生录用时的考量是什么？

葛剑雄： 我认为图情专业要拓宽，副修一门其他专业，适应以后研究馆员的方向。比如一部分人要大大加强数字化工作，不是简单的编目，因为以后图书馆数字化的应用比例越来越高。另外，文献的部分要和其他专业结合起来，比如古籍整理。现在很多业务都外包了，书拿到后就可以上架了，我们很多业务不需要做了。所以图情专业要改革，不改革不行了。

另外，少量的人是做研究的，大量的人是做应用的。现在图情的学术水平就看论文，这些论文是做研究性质的，而真正应用的时候，光靠它是不行的。高校图书馆也应该注意到，图情专业的学生也是必要的。我们没有这方面的人才，就会出现问题，跟不上形势，有了新的潮流，比如编目的趋势，你怎么跟进啊？我们很多图书馆在经费上已经向发达国家图书馆接近了，那你还竞争什么呢？为什么我强调我们现在还是低层次服务，这只是满足到读者没有抱怨，但真正的图书馆是要起引领作用，那要靠什么？还是需要有图情专业的员工。我觉得应该要有比较合适的比例。当然，研究型高校、应用型高校还是不同的。

另外，还有人文素养的问题。现在我们利用图书馆是从实用的角度来考虑。如果把图书馆作为一种文化事业，一个学生看书不仅仅是一种知识的需要，而且是人生的需要，那就两样了。所以，大学里还需要恢复人文的传统。在这种情况下，图书馆的高尚不是仅靠几个人来看书，而是它本身对于人文素养的追求。

顾晓光： 就像有学生问钱理群先生学鲁迅有什么用一样。

葛剑雄： 是啊，你不学鲁迅是可以照样长身体，GDP

也可以上去。如果这是一个吃不饱穿不暖的地方，你这个认识很正常。现在到了衣食无忧、略有结余的情况下，一个社会需要精神生活，需要精神生活是真正的幸福和真正的发展才会有的。在这其中，图书馆起到的作用并不仅仅是藏书这么简单了。

顾晓光：在学术界，一直有一个关于“学术和思想”的讨论，有人把它比喻成“刺猬和狐狸”。作为一位非图书馆学专业出身的学者和图书馆馆长，您认为现在的图书馆学教育应该在“学术”上多做文章，还是在“思想”上多做提升？

葛剑雄：我想图书馆学也需要分流的，图书馆学浅层次的是培养一种技能，高层次的是一门学问。这就像地理学一样，我说地理学应该是科学，但是我们现在越来越把它技术化了。科学是什么？要有思想。所以图书馆学作为科学来讲，它要研究未来图书馆发展的方向等问题，而不是满足今天数字化，明天 RFID 什么的，不是这样。有个尖锐的问题，下个世纪图书馆有没有存在的价值，图书馆存在的价值是什么，图书馆究竟提供什么样的功能，这些就需要思想，这就需要脱离图书馆宏观地来看。我不晓得在培养中间以及在发展过程中间，现代的图情专业是不是还有这块儿。还有图书馆史，中国和国际上的图书馆怎么发展过来的，你不知道过去，怎么去想象未来？这些就是提高的部分。提高的内容就是将来做成教材培养未来的人才，还有这个学科要进一步发展也需要它。

顾晓光：您刚才说以前也不经常利用图书馆，在《东方早报》的是否去书店和图书馆的调查中，您的回答是“近年几乎没有去书店买书，通过其他各种途径得到的书也来不及看。没有去其他图书馆借书。复旦大学图书馆与我自己的藏书已能满足我的需要，偶然通过馆际文献传递找过一两种资料”。从众多学者的回答中，也看到一个趋势，他们对于传统的书店和图书馆的需求越来越低了，而大多数老百姓的信息素养并不高，他们同样也不去图书馆。去图书馆的人更多是在求学阶段的群体。您如何看待这个现象？

葛剑雄：我在以前的报告中提过，读书有三个目的：一是求知，现在这块儿最热闹；二是研究；三是人生乐趣。作为研究来讲，研究者很多已经不来图书馆了。为什么呢？一是我们图书馆的收藏不能满足高端的需要，院系资料室收藏的文献更多，更适合他们的科研；二是我们的出版物。这几年，我很为难大部头书的购买。我向采编的同事说大部头的书没有30%以上新内容的更新就不要买。复旦大学出版社社庆的会议上，来了很多出版社的老总，我向这些老总呼吁，希望你们有一点职业道德和学术良心，你们出版物的重复率太高了，你们到底要干什么，不要光追求你们的码洋，再说我就是有钱买也没有地方放啊。

一个真正文化教育发达的国家，它应该有高中低端不同档次的出版物，这样可以满足不同的需要。英国的教学很发达，你到英国的书店，可以找到任何适应你需求的课本，比如有专门针对老人学语言的课本。而我国的出版呢？拿图书馆学来说，你有没有编出最高端的图书馆学著作，比如20卷，然后中等级别的，还有小册子。

图书馆也很难满足做到这一点，大量的书是重复的。我去兰州，听说省里文化建设里的大头居然是要重印文溯阁《四库全书》，这印它做什么？文渊阁已经印过了，还有光盘了，我们的费用就是这样被浪费了。

顾晓光： 大英百科全书都不出版纸质了。

葛剑雄： 是啊，《四库全书》根本就不值得重印。如果我放开买，理科没有书啊。理科不是翻译的就是教材，今天北大版，明天清华版的，我说你们再买它干什么呢。买一本足够了。

顾晓光： 我看过一个报告，发现虽然互联网可以做到随时随地地访问，而且我国的网民数量越来越多，可是我们的数字鸿沟和以前的信息鸿沟比较并没有相应地减少差距。

葛剑雄： 这就是要讲到学习是为什么，比如说我们有些教授到现在拒绝上网，他觉得日子过得好好的，很多人一做教授、一做院士就无所谓了。如果他觉得今天求知，就像旧时代不会写毛笔字是可耻的一样，他就会去学习了。这是一个民族的传统，文化的传统。你对待知识是什么态度，把它作为吃饭的工具，我论文有得发，职称有得提，项目拿到了，不做就不做。他不以为耻的，学生也是这样，往往本科生比博士生重视互联网。很多人也不知道图书馆的数字资源有什么。

国外把图书馆当成大家的精神家园，对书有种敬畏和神圣的感觉。我们还有很多，像音乐什么的，不把它当做人文的素养来提高，这就难了。

顾晓光： 你们有没有向教授进行定点的学科馆员服务？

葛剑雄： 很难。我们学校有这么多的方向。比如古籍整理，我们古籍部是国务院的古籍重点单位，但是现在连一个专用书库都没有。我们西文善本也有不少好东西。

顾晓光：您现在用微博，以前也用博客。信息过载、信息泛滥，可能是您一直不用手机的原因之一。您如何看待诸如微博等社交网站的碎片化信息？有人认为读网时代会让人失去思考，但还有人认为会让更多的人接受到不同的信息。

葛剑雄：现在不用博客了，因为微博传播速度快，我的微博现在有31万的关注者。不用手机是因为这个东西对我来说没有必要，我已经可以通过邮件和微博处理事情，一天要查收好多次，一点的信息延迟对我没有什么影响。还有就是会有很多采访，我主动发布更为合适。微博的好处就是快，面广，缺点就是只有140个字，很多事情说不清楚。有人问为什么我只关注一个人（注：复旦大学图书馆的官方微博），我这么多朋友关注谁好，如果都关注了，我就不要干事了。所以，我能回答问题就回答，过分的就不行了。

顾晓光：您作为全国政协常委，是否关注过这几年的图书馆界委员的提案？比如今年国家图书馆馆长周和平先生提交了一项“关于建设国家文献战略储备库的提案”，内容有“应当尽快建设国家文献战略储备库，对于国家重要文献信息资源进行战略储存和异地备份，确保中华文化载体的长久安全保存。将国家文献战略储备库建设纳入新时期文化工作的重点领域，抓紧实施”。在国家“文化大发展大繁荣”方针的推动下，图书馆应该在哪些方面做出自己的努力？

葛剑雄：图书馆要做一点实事。战略储备也要从实际出发，要有分工，国家要有这方面的准备。我觉得国家战略早点建，不要重复也不要漏掉，还有不要受到政治的干扰。再一个就是加强抢救性的资源，要收全，更重要的是利用。要查文革的史料，你要跑到哈佛大学、香港中文大学图书馆去，那你储备干什么啊？你在一定范围内要开放。所以，图书馆的发展也和国家的政治制度改革密切相关的。

顾晓光：Google 这个亦敌亦友的互联网大鳄，是与图书馆的数字信息服务差不多同时起步的，至少没有图书馆早。Google 于 2004 年 10 月推出 Google Print Publishers 计划，法国国家图书馆馆长让－诺埃尔•让纳内此后发表了《当 Google 向欧洲挑战的时候：为奋起辩护》一书（北京图书馆出版社 2006 年出版中文版）。他主要站在文化保护的角度来谈这个不怎么可爱的洪水猛兽。Google 扫描了众多英语文献，势必会对欧洲很多非英语国家的文化传播造成影响。这些年过去了，您回头看，图书馆在文化保护和文化传承上的步伐跟上这个互联网、全球化的时代了吗？

葛剑雄：我最近写过一篇文章，叫做《方言的“传”和“承”》（注：刊登在 2012 年 4 月 15 日的《文汇报》），“传”是最起码的，花精力是可以做得到的，比如把现有的方言录下来，储存起来，而“承”要根据社会实际。你强制小孩子学方言不行，而且你要考虑方言有没有需求。举个例子，如果以后美国还是经济实力独大的话，它的英语霸权早就形成，你是改变不了的，法语想挑战英语是没有办法的。但是从“传”的方面，法语保留是可以的。所以我觉得图书馆，面对各种文本，只要把它传下来这是根本的，将来怎么发展不是图书馆界所能够左右的，也不是哪个国家所能左右的。

如果将来中国越来越开放、民主和强大的话，中文所占的比例会是大大提高。现在不管怎样，面对已有的中文，我们都有义务把它传下来，这是人类所共同的，在这一点上完全可以各做各的。至于将来，你是保卫法语也好，保卫中文也好，你保都保不住，不是你个人的意志。对“传”要一丝不苟，且多多益善；而对“承”，则只能听其自然。

顾晓光：很多国家把数字图书馆建设当成一个国家战略层面的问题来考虑，Google也在扫描其他国家的文献，也曾经有过扫描中国的图书馆馆藏的计划。《数字图书馆论坛》网站有一个“您是否赞成Google在美国以外的国家进行数字图书馆计划”的调查，前几天看，在近两千人的投票中，有超过78%的人持“赞成”意见，持“不赞成”意见的不到17%，持“不确定”意见的不到5%。由于我们的用户基本上集中在图书馆界，从这个调查结果看，图书馆的同仁绝大部分同意Google的国外数字图书馆计划。

葛剑雄：你只要保护好国家的权益，为什么不能合作呢？这不过是个技术手段。你自己不做，人家做你又不让，这就像我们改革开放后引进外国资本，有人说这是卖国一样的。中文的书相当一部分外国也是有的，比如哈佛大学的港台书就比复旦大学多，它做了又能怎么样？我们正确的办法是欢迎他们做，但是要有条件。

一是要有数字化范围，并不是所有书都给它；二是我要有我的权益，规定母本要在我这里，你可以有副本；三是需要有个等价的交换，比如你扫描了我1000万套书，那么英文的你也要提供我1000万套，或者双方要无条件将这些书都开放，关键是看你如何保护自己的权益。

顾晓光：现在抵制的群体有个观点：Google是一个商业公司，我们观念中的图书馆都是公益性的。

葛剑雄：它是商业，我也可以商业，政府不是禁止商业，是买服务。在商言商，卖给它，我们赚钱；买它的，保证条款。为什么不能商业，商业的东西比你自己做便宜啊。我一直赞成政府不要干涉太多，文化产业就要交给商人去做，这样才能买到最好的服务。

顾晓光：但是商业公司有可能会破产，或者作恶，那我们该怎么办？

葛剑雄：那你法律做什么？买军火就可以随便杀人啊。你要想想Google能够从中做什么，它买你一本书和扫描你一本书有什么两样？又不是我将网络都交给它。它可能作恶，就是它破产了，我们有预警机制就可以了。

再退一步讲，你不交给Google做可以，你自己做。现在不存在技术上的困难，但是有一点需要说一下，中文图书有它的特殊性。扫描后，拼音文字可以轻易地被识别，中文的难度较大。各种版本差异很大，《四库全书》电子版里，"史"字就有两个没有收录进去，检索不出来，因为扫描后识别错误了。你说你识别正确率99%，我说即使你99.9%，如果让我碰到了错误的，就是100%的错误。何况这样识别的人才越来越少了，像一些懂书法的人也越来越少了。我在古巴的IFLA分会上也谈到这个问题，中文的识别比我们想象的困难。比如说同样两个字，意思不同的，需要专家来辨认。如何将中文很规范地数字化，不是很容易的。

顾晓光： 国家应该在这方面上加大投入。

葛剑雄： 对啊，国家应该在这方面多加扶持，另外需要专业人士来做。很多古书，包括旧的平装书，如果没有相应的学者介入的话，光是 IT 人才是不行的。

顾晓光： 这些文献没有版权问题，又是我们抢救文化遗产的基础工作。您如何看待我国图书馆界在数字图书馆建设方面的工作？目前世界范围内有几个大的数字图书馆项目，比如 UNESCO 的世界数字图书馆（World Digital Library）、美国的公共数字图书馆（Digital Public Library of America）、欧洲的数字图书馆项目 Europeana，我国高校系统有大学数字图书馆国际合作计划（China Academic Digital Associative Library，CADAL），复旦大学图书馆也是 CADAL 成员之一，您如何看待目前 CADAL 的发展？

葛剑雄： 很坦率地说，名不副实的。什么中美百万册书，最后美国人投了多少？第一期是我们投的多，他们投的少。第二期有件事情我坚决反对。美方扫描 50 万册书，这算他们的任务，我说原书必须拿来，否则版权上我们将无法流通这些资源。在我的坚持下，后来都运来了。不是这样，我拿他们的数字化干什么？没有专门的授权，我既不能出借，也不能用，因为原书不在我手里。还有，没有经过选择的 50 万册书有什么用呢？我看随意性很大。这个国家的钱花得荒唐。第二期的时候，我就问这是科研项目还是公共服务项目，后来教育部同意、发改委批准，这是公共服务项目。

顾晓光： 现在又多吸纳了几个国家，有变化吗？

葛剑雄： 当时我就反对不能再用“中美百万册数字图书馆”，现在他们变成了“大学数字图书馆国际合作计划”。再就是我说很多钱应该花在资料上，第一期资源费还没有技术费用高，这次稍微好一点了。教育部成立管理委员会，把我拉进去。那次他们签约的时候，我在那里大发脾气，我说今天我是不来签约的。他们就求我，说签吧。我说即使签，这是意向性的，详细条款今后再议。你们必须把这句话写上，所以，签约前，有人问我在干什么，我说我在看，看有这句话我再签。

我说你现在有多少用户，用户得到什么了？第二期稍微好一点。由此我想到项目，现在国家很多机构都在做，甚至县一级都要在搞自己的数字图书馆，都在折腾钱啊。国家把这些钱集中起来，中国所有文献早就数字化了。

顾晓光： 近代图书馆每一次大的发展都是通过技术的革新进行的，但技术的进步又离不开人文思想的指导。技术与人文虽不能厚此薄彼，但每个人都会有自己的不同理解。比如有极端一些的“反技术化”，也有“唯技术论”。

葛剑雄： 应该尽可能应用新的高性能技术，应用技术的目的最后是有益于服务。我是反对盲目地使用机器。使用机器的好处一是精确，二是高效。但人员富余的情况下，我为什么非要用机器呢？如果技术非高精的，只是为了节约人力成本，而我们的人力成本不高的情况下，为什么必须要用呢。而且学校里的学生还想参与，我觉得完全他们也可以做。“唯技术论”在任何时候都是不对的。如果我把读书作为一种工具，当然越快越好，如果把读书作为人生的享受，拿本线装书，慢慢地欣赏，我要那么快干什么。就像我们听古典音乐一样，不知道听了多少遍了。将来图书馆会有不同的区域，为不同目的的群体服务。有人讲过，人文的学科需要空一下，才能够出成果和思想。

顾晓光：也就是需要有自己和自己独处的空间和时间。

葛剑雄：对，或者是闲聊，不能像机器一样不停地运转。但是也不能排斥图书馆使用机器。技术确实很方便读者，有人所不能及的，而且后台都有记录。但是有些就没有必要。

顾晓光：你们进行 RFID 这样技术应用了吗？

葛剑雄：我请我们馆员做了很长时间的 RFID 调研，考察了好几个馆。最后我们发现，除了设备以外，还有书的位置、芯片的位置都有很大的关系，看起来是技术应用，但与人的关系也很大。我们现在比较谨慎，从发展来看，它比磁条要好，是一个方向。另外一方面，技术发展很快，说不定新的很快就来了。所以，我们先试验好后再说。总的来说，它的功能是好的。

顾晓光：有的高校图书馆馆长明确表示不引进它。

葛剑雄：我们还是引进，现在从张江馆逐步推广开，并不急于全部都使用。

顾晓光：移动图书馆的应用情况呢？

葛剑雄：我们和书生公司签约了，我要求他们保证低端的手机都可以应用其服务。我们不是商务单位，很多学生还比较困难，我要公正地对待每一个学生。而且只要有一个学生不用手机，我不会把所有功能都转到手机上。在目前阶段，移动图书馆的功能有限，而且访问还需要流量费用。未来图书馆发展的趋势必定会是应用在每个人的移动终端上，不管是手机还是平板电脑。以后云存储后，我们和读者的联系就是通过移动终端。从这一方面讲，我们一定要做，积累一定经验，来迎接某个重大的突破。

我们不一定会追求最新的技术，比如刚才说的 24 小时自助图书馆设备，我觉得太贵。将来如果真有条件了，我们应该是做一面墙，而不是这样一个机器。不能因为技术，我们越来越懒，越来越随意。我是主张除了特殊情况外，我们要有个正常的节奏，我不提倡半夜通宵在做事。

顾晓光：还有电子报纸阅读机，虽然价格并没有那么高，但它的使用范围也不大，毕竟一个馆也没有几台。

葛剑雄：《人民日报》给了我们三个，这更多是面向公众的一个宣传，我们学校里并不需要这个。最近我们把《人民日报》纸本也减少到一份，我没有必要订很多，浪费。我提倡大家从网上看，我们的报刊库里都已经有了。

顾晓光：最近看到台湾地区的“国立”台中图书馆新馆开放，被命名为“智慧图书馆”，进门后有一面大电子屏的“智慧墙”，上面是一个咨询网络。还有一个机器人，它可以还书，这是我第一次看到图书馆有这样的机器人。

葛剑雄：这些可以作为展示，但全面推广就有一个经费的问题，还有适应性的问题。我用电脑是非常早的，我在复旦可能是第一批人。但是，大学里面的一些训练是用来提高技能的，不能单纯用数字化来代替。比如说一开始就电脑检索，那么字典都不会查了。我不担心书法，作为抄写功能肯定被淘汰，但作为艺术会有传承，现在有人会写显得更有价值。大学里，有些技能属于基本训练，不能用数字化替代。我就提倡看看没有标点的书，这样读者能够提高。如果一开始就从数据库来看，是不好的。

顾晓光： 最近的发现系统是高校图书馆议论的一个热点。

葛剑雄： 我觉得发现系统需要考虑前期的工作。简单的发现比较容易做到，拿我的书做例子，我统计了一下，我已经出版了54种书，但没有哪个图书馆能够都查得全。有的书再版后用了不同的书名，这些需要人工来干预。同时，我发现了很多结果都有用吗？有的是重复的，有的是不同版本的。有些出版商为了挣钱，重版的时候换了名字。很多的质量控制都是需要我们馆员在前期进行，发现系统的困难在于前期的元数据上，这里面牵扯到知识产权、劳动报酬等一系列问题。

刚才我讲到文字识别，这些工作最高端的是人，没有人为的干预，可能会一直错下去。很多著名的学者做的结论可能就是这些错误的数据。我曾经举过例子：很多人说过，东晋时期，江西开始引种小麦。这被我发现是错误的，原文是“江之西”，“江”是指“钱塘江”。当时首都在建康，所以北方人要吃麦，就种到了浙江湖州这一带。如果不看原文，因为漏掉一个字，纯粹靠机器，这种错误会一直下去。所以，真正做研究的人还要手工做不少工作。我们图书馆也要把基础的工作做好。

顾晓光：所以，数字化的前期工作非常重要。现在很多数字化产品是全息化的，我们看到的是扫描影印版，但支持搜索的后台数据是识别过的。现在有越来越多的数据库资源推荐给图书馆，您觉得钱够用吗?

葛剑雄：那没有底的。今年又逼着学校加了15%。所以我公布经费，从另一方面讲，就给学校很大压力。我公开说，如果发现哪本书买错了，我负全部责任。但如果你说书不够，找校长去。

顾晓光：今年4月9日ALA（美国图书馆协会）发布了2012年美国图书馆报告，里面提到了三个困境。一是由于电子书的特点，很多出版商不愿意卖给图书馆用于读者借阅或者通过一些措施限制图书馆的电子书服务；二是美国的经济危机导致了图书馆经费削减；三是纸本书借阅量下降。您认为我们目前面临哪些主要的挑战?

葛剑雄：现在有个趋势，电子书和硬件一起卖，这就像刘俊文做的古籍库一样，连硬件一起卖，还有超星也是这样，做个Pad，里面有很多资源，没法下载，只能阅读。

商人牟利是正常的，关键是政府需要做出自己的工作，既保证它有利可图，也要确保公众的利益。一是要有在数字化建设中反垄断的政策；二是政府用购买服务的方式来打破商家设置的壁垒；三是政府要有科研成果展示的引导。我们为什么要将文章发表在国外期刊，接受人家要求放弃版权的条款？好的东西为什么不发表在我们中国的刊物上？而且，发表在国外期刊上，我们还要高价再购买。所以，我觉得光靠图书馆界是不行的，政府要起作用。图书馆界斗不过商人的。

还有就是政府被利益集团所绑架，腐败让他们硬不起来。我就讲我这个馆长在复旦为什么可以这样，我的一切经得起考验。所以，我可以到学校拍桌子要钱，我说你可以查账，要来的钱，自己拿过一分没有？

顾晓光： 我跟别人说过，您现在所做的，不仅是因为不拿钱，而且是现在学术上有了江湖地位，不用患得患失了。

葛剑雄： 对啊。尽管我之前没有做过图书馆的数字化，但我做数字化地图已经十年了，我以前和图书馆的同行都是这样认识的。所以，你们唬不了我。图书馆馆长必须要这样，才能管得好。

我们现在很多图书馆的管理者有问题。有位馆长说还有几年退休，从人事处轮岗到图书馆，那怎么能管得好。为了对付上面检查，有些馆长就和无良书商勾结起来，弄几十万册毫无用处的书。有人对我公开经费有意见，说我坏了他们规矩，而且还要求我公开我的出差费。我说我参加图书馆的会还经常用我的科研费，基本不花图书馆的钱。我说如果公开的话，我连收入都可以公开，因为对别人压力太大，我就不敢了。

所以，现在最大的忧虑，不是技术，而是我们图书馆的馆长。有些馆长怎么有资格做馆长？

反过来，有些学生来，说你是老师。我就说平时我是你老师，但现在你是我的服务对象。所以，你们有什么图书馆的问题，我都给你们解决。由于处在不同的位置，我可以和校长争取一些权利，但不好和学生说什么。学生过分的，我要制止，但基本的需求，我要满足他。

顾晓光：最后请您谈一下数字阅读吧。数字阅读有个很大的好处，就是方便、普及。但另一方面，我们好像越来越不读纸本书了，很多学者认为这样会让人没有一个思考的空间，建议还要多读纸本书。

葛剑雄：我觉得读书是广义的，为什么非要读纸本书，网上阅读也可以啊。现在很多获取信息的渠道，比如电视，还有国外很多人开车的时候听书。中国也有了，有人把我的文章也买去了，说要做 Audio Book。就是看流行小说、网络小说，也没有什么不好。空下来，有些老的文人玩麻将，这就好吗？我对看书的观点是怎么方便怎么来。

顾晓光：读书无禁区。

葛剑雄：我也不认为看书就是为了获得信息。在有条件的情况下，翻翻旧书、古书，作为文化修养的一部分。不用去担心读书的人绝种，无非是读书的人多一点、少一点。至于它的盛衰都是很正常的。

当时，把毛笔改为钢笔、圆珠笔，有人说中国书法完了。现在中国书法还是有的，而且作为艺术，它还是吸引人的。就像京剧，你人为地延长它，延长不了的，但是有兴趣的人照样会有的。

顾晓光：是的，就像简体和繁体的争论一样。

葛剑雄：对啊，文化的断裂不是简体和繁体的问题，文化的断裂是人，文化大革命把人都摧残了。只要人在，文化还是能够得以延续的。秦始皇焚书坑儒以后，规定以吏为师，禁止百姓收藏图书。学者逃亡山林，有的连儒家经典也没有能保存下来，只能靠口头传播。济南人伏生原来是秦朝的博士，秦始皇禁书时，他将《尚书》藏在墙壁间。等伏生在战乱后回家，发现遗失了几十篇，只剩下二十九篇。好在伏生还能背诵记忆，传授给学生。汉文帝时，伏生已年过九十，行动不便，朝廷只能派晁错到伏生家学习继承。伏生讲一口齐地方言，又口齿不清，只能让女儿传达，但晁错说的是颍川方言，还有二三成的意思不明白，只能根据自己的理解记录。要没有伏生，或者没有晁错的记录和传播，《尚书》的传承就会出现断裂。

人情趋简，这是不可抗拒的规律，古今中外莫不如此。中国的文字从篆书变化到隶书、楷书，就是一个不断简化的过程，从个别字、少数字的简化，到一批部首或文字有规律性的简化，最终形成一种新的字体，然后又不断简化。从古代留下的金石和印刷文字中都可以找到由当时文字简化形成的“俗字”，书写文字中就更多了。就是在将简体字等同于“共党”时代的台湾，不少人已将“臺灣”写成“台湾”了。从文字工作者来说，要懂这些专业的东西，一般人完全不需要懂。你看英文里也有很多简化，UNESCO、IFLA，也是人情趋简啊。

顾晓光：和您聊天非常愉快，谢谢。

葛剑雄：谢谢。

（访谈日期：2012－06－19）

馆长简介

葛剑雄，男，1945 年出生于浙江湖州。高中毕业后当过十多年中学教师，1978 年考取复旦大学研究生，1983 年在职获历史学博士。1981 年至今任职于复旦大学，1991 年晋升教授，1996 年任历史地理研究所所长，2007 年任图书馆馆长。教育部社会科学委员会委员、教育部图工委副主任、中国地理学会历史地理专业委员会主任、上海市历史学会副会长、全国政协常委、上海市政府参事。

复旦大学图书馆简介

复旦大学图书馆前身为戊午阅览室，由戊午级（1918 年）学生集资购置图书建立，1922 年正式建馆。1937 年抗战爆发后，图书馆藏书一部分寄存于徐家汇复旦中学，一部分随学校迁至重庆北碚。抗战胜利后，沪渝两部师生在江湾开学，两地图书合并，总数未逾 4 万册。1947 年以后图书馆工作有所恢复，但直至 1949 年 5 月上海解放，藏书仅 10 万册左右。

建国初期，图书馆发展较快，1952 年高校院系调整，图书馆接收了 14 所院校的有关书刊，使馆藏量骤增至 20 万册。到 1965 年底，藏书量为 120 多万册。“文革”期间，图书馆工作受到了严重干扰。1978 年以来，图书馆随学校教育事业的繁荣得到发展。截至 2010 年底，馆藏文献约 500 万册，其中线装古籍约 40 万册（包括善本 6 万册），民国时期图书 10 万册。订购中西文纸质期刊 7000 余种，可使用的电子图书 163.9 万种，中西文全文电子期刊 3.38 万余种（中文 1 万种，英文 2.38 万种），各类数据库 256 种。

图书馆现由文科馆、理科馆、医科馆、张江馆、江湾馆（李兆基图书馆）、古籍部（国家古籍重点保护单位）组成。馆舍总面积57 984平方米，阅览座位约3 000个，周开馆时间105小时，日均接待读者6 000多人次。建于1958年的理科馆位于邯郸校区中央草坪西侧的望道路上，红砖墙建筑风格与中央草坪东侧的教学楼一致，是学校重要人文景观之一，理科馆馆舍面积为6，440平方米，阅览座位约为600个。1985年建成的文科馆位于邯郸校区南侧，馆舍面积为12 095平方米，阅览座位约为700个。

2000年，复旦大学与原上海医科大学合并，原上海医科大学图书馆改称为复旦大学医科馆，馆舍面积为9 513平方米，阅览座位为700个。该馆是中国高等医药院校图书馆协会副主任委员馆，全国医学文献资源共享协作网华东地区中心馆，全国医学文献检索教学研究会理事长馆和秘书处，多所医科院校信息系毕业生的实习基地。

张江馆位于浦东的张江校区，2005年9月开馆，馆舍面积为8 886平方米，阅览座位约为400个，现设有书库、图书借阅处、水岸休闲区、阅览室、专题学习室等。江湾馆（李兆基图书馆）位于学校江湾校区，2008年9月开馆，馆舍面积为19 690平方米，阅览座位约为600个。设有阅览室、密集书库、网络学习区、协作学习区、培训室等。位于邯郸校区光华楼内的古籍部馆藏古籍包括善本及普通古籍两部分，向读者提供闭架阅览。

复旦大学图书馆是全国高校图书情报工作指导委员会副主任委员馆，是中国高校人文社会科学文献中心（CASHL）的两个全国中心馆之一。设有教育部面向全国和华东地区的外国教材中心，教育部文科外文图书引进中心书库、欧盟图书专架、教育部科技查新工作站（综合类）、上海市科委科技查新站（计算机与生物）、图书馆学硕士培养点、中国索引学会秘书处，承担《中国索引》和《上海高校图书情报工作研究》两种杂志的编辑出版工作。

图书馆除提供常规的书刊借阅服务外，还提供各类电子资源检索、Dialog国际联机检索、通借通还、馆际互借、文献传递、咨询解答、科技查新、查收查引、读者培训、自助复印等服务，并为各类读者开设文献信息检索课程，培养图书馆学硕士生。

近年来，图书馆本着服务第一、读者至上的理念，继续加强馆藏建设，不断扩展和深化服务，深入院系开展学科服务。同时，引进新技术，更新服务方式，提升服务理念，努力发挥图书馆文献资源保障和创新服务的功能作用。

03 北京大学图书馆馆长朱强先生

我一直对 77、78 级的大学生心存特别的钦佩，他们中的很多人是在那个荒诞年代保持一定清醒的人，相信并能够静观其变那不可预期的未来。曾是北京大学图书馆学系 77 级的学生、现任北京大学图书馆朱强馆长就是其中的一位。

朱强馆长是我国最早进行数字图书馆研究和建设的学者和实践者之一，1994 年，正值美国互联网兴起，他去美国伊利诺依大学做高级访问学者，接受到新的理念和技术，并于 1995 年发表了《数字图书馆：21 世纪大学图书馆的原型——美国“数字图书馆创始”计划简介》，是我国较早跟踪国际数字图书馆发展的文章。之后，他参与了 CALIS 的建设工作，并担任管理中心副主任，组织全国高校共同建设以高等教育数字图书馆为核心的文献保障体系，开展各个省级文献服务中心和高校数字图书馆基地建设。同时，他也是 CASHL 管理中心主任，在为高校哲学社会科学教学和研究提供资源服务的基础上，CASHL 的最终目标是成为“国家哲学社会科学资源平台”。

在新世纪，互联网环境下的图书馆信息服务经历了前所未有的机遇与挑战，一方面互联网普及了公众的信息素养，而另一方面，互联网又有取代图书馆的可能。朱强馆长希望在今年 11 月北京大学图书馆 110 年馆庆国际会议上，通过“变革与走向：重新定义大学图书馆的未来”的主题探讨，将数字环境下的图书馆价值传递出去。

他曾任 IFLA 管理委员会委员、信息自由获取和自由表达委员会委员，多次参加国际会议，有着很高的国际化视野。作为一名信息服务者，他深知信息的自由获取和自由表达的重要性，而这不仅在我国需要走很长的路，在很多国家同样面临此类问题。

他担任主编的《大学图书馆学报》一直走在推广学术研究的前沿，并在今年成为了第一批国家社科基金资助的学术期刊。他计划将这些经费主要用于提高作者的稿费，鼓励学者和图书馆员的研究工作。

从筚路蓝缕的京师大学堂藏书楼到现在珍品荟萃的现代化图书馆，从地安门内马神庙的和嘉公主府梳妆楼的馆舍到现在作为北大地标“一塔湖图”之一的宏伟建筑，北京大学图书馆经历了 110 年的岁月，凝聚了几代图书馆人和学人的心血。作为已经在此工作 30 年的掌门人，朱强馆长说“当年的图书馆，连一台打字机都要作为设备登记，而今，已成为新信息技术设备和系统应用的前沿。这样的变化，不可谓不深刻，确实是不简单。我作为见证者和亲历者，虽霜染双鬓，却也欣然。”

建设世界一流大学离不开世界一流的大学图书馆，朱强馆长任重道远。他希望在退休前完成几项重要设施的建设，让继任者有一个很好的基础。同时，他认为图书馆更为重要的是馆员的作为，我们应该对工作怀有神圣感、敬畏感和使命感，更好地为教学科研服务。

朱强馆长曾是我硕士答辩的主席，也是我重新回到北大工作时的面试官之一，他是我人生重要时刻的提携人。当我向他提出采访要求后，他抽出了整整一个下午的时间讲了他的北大情结以及他对北大图书馆建设和图书馆未来的看法。在古风古韵的燕园里，书香满溢，静听时光雕刻的过往，窗外微风斜雨，真是一个美好的下午。

顾晓光：作为文革后恢复高考的第一届大学生，您能否谈谈这四年在北大接受图书馆学教育的情况？

朱强：跟现在比较，当时无论从生活条件还是学习条件，都还比较差。那个时候，图书馆的座位非常紧张，大家都想到图书馆看书，图书馆的门玻璃不止一次被挤破，我印象中就有两次。图书馆 6 点半开门，大家 6 点就在门外排队。当时的学生也不算少，因为有工农兵学员，我们 77 级，半年后还有 78 级，三届学生在一起，座位太少，满足不了学生的需求。

同学们都非常刻苦，十年没有书读，而且本来没有上大学的希望，突然有了这个机会，都非常珍惜，有为振兴中华而读书的信念。具体到个人，也不尽相同。有些人对专业课不太感兴趣，利用这段时间看了很多专业外的东西。有个同学喜欢看尼采的哲学，甚至把德文原版借来看。总的来说，上课有逃课的现象，但不学习的几乎没有。

拿我来说，我还是认真学习专业的。无论是同外系的基础知识课，还是本系的专业课，我基本上是一课不落地听下来。

顾晓光：是不是很多课和文史哲专业的学生一起上？

朱强：很多课是和别的系同学一起上，比如说中国文学史和中文系同学一起上，中国通史和历史系同学一起上，计算机的课程和计算机系的同学一起上。

图书馆学系（注：现为信息管理系）是恢复招生，之前有一段时间被撤销，馆、系合并。我们入学后，被告知是专科，大家一听就不高兴了，好不容易考进来，最后还是专科。于是，我们一些同学开会商量，就联合武汉大学给教育部写信，因为当时就我们两家高校有图书馆学专业。接到申诉后，教育部最后同意改成本科。

因为有了多年的工作经验，现在回过头来看，本科教育，甚至是研究生教育，都是打基础的，还不能说是真正的搞专业。从幼儿教育到基础教育，再到高等教育，教育本质上是为了人的发展，是针对人不同的发展阶段进行培养。高等教育是面对成人的人格、道德、理想、信念、价值观等方面的教育，还有专业知识的积累、学习方法和研究方法的熏陶。

学习图书馆学专业，培养了我们较强的学习能力，知道如何查找和利用资料，这对我毕业以后的学习和工作很有帮助。虽然很多事情没有做过，但我知道怎么通过到图书馆去查找资料来学习别人的做法。所以说，在北大图书馆学系这四年，对我来说还是很有帮助的。

顾晓光：那时有什么印象比较深的专业课或者老师？

朱强： 对专业的课程来说，并不是很满意，觉得老师讲的还是老一套的东西。由于刚经历文革，对那些政治挂帅、突出意识形态的东西都比较反感。这也不奇怪，因为文革刚刚结束，包括思想观念、学科本身的进展没有达到学生希望的程度，所以我们经常会在课上和老师有一些不同观点的争论，课下同学之间也会就不同的观点进行争论。这也与北大兼容并包、学术自由的风气有关系。考试的时候，也不一定非要按照老师所讲的来作答。

印象比较深的比如吴慰慈老师的图书馆学基础、朱天俊老师的中文工具书、邵献图老师的西文工具书、周文骏老师的文献交流引论、赖茂生老师的科技文献检索、沈迪飞老师的图书馆自动化基础等。

顾晓光： 您毕业后就直接去北大图书馆了？

朱强： 我们那时毕业是统一分配，在临近毕业的时候，系里发了一个调查表，让大家填写毕业后的工作意向，我觉得这样挺好，虽然是分配，但还是征求你的意见。因为我是独子，母亲在老家扬州，我还是希望回到家乡。考虑到可能扬州不一定适合分配，我就希望去离扬州比较近的南京。系里主管分配的书记找我谈话，说江苏有三个学生，但回江苏只有一个名额，你能不能留在北京。如果以后还想调回去，也相对容易一些。我就这样来到了北大图书馆。现在看，当时对大家的要求还是比较重视的，做工作也比较细。

毕业的时候，正赶上全国高校图书馆工作会议召开不久。会议决定成立一个全国高等学校图书馆工作委员会（以下简称“图工委”），由时任教育部副部长周林任主任，时任北大图书馆副馆长庄守经任副主任兼秘书长，秘书处于是就设在北大图书馆，教育部给了几个编制，起初没有专职工作人员，借调了几位，像肖自力是从《光明日报》社资料室借调来的。我成了秘书处的第一位工作人员，与我一起到秘书处的有武汉大学毕业的张玉川，半年后李晓明也进来了，又过了一段时间，副秘书长肖自力的关系也正式转入。

顾晓光：*在图工委秘书处工作了多长时间？*

朱强：将近 8 年，一直到 1989 年中，这段时间的经历对我的成长很有帮助。在老庄、老肖（当时我们都不习惯叫职务）的领导下，图工委秘书处开展了很多的活动，在参与这些活动的组织、调研、筹备、协调的过程中，开阔了我的视野，使我能够从一个比较宽的视角和比较高的角度来看待一些事情。由于不是立即做具体的图书馆专业工作，做的是全国性的工作，接触到各种各样的情况，关注的都是宏观的东西。在处理这些宏观的问题时，锻炼了工作能力。

在秘书处的时候，也有一些困难。秘书处有点半官半民，在推动工作的时候，有时会不太有力，于是有人就建议把它设为教委的一个正式部门。在 1987 年第三届全国高校图书馆工作会议以后，就酝酿将秘书处放在教委管理。在这个过程中，我有一段时间被借调到教委的职称办公室，帮助起草图书馆方面相关的职称文件等工作。

当时正逢教委机构改革，几个单位合并成立教材与图书情报管理办公室，决定将秘书处并入，设一个图书情报处，肖自力任处长，我任副处长。1988 年底，司里让我将工作关系从北大转到教委，我当时感觉并不太适应机关的工作，北大图书馆庄馆长也认为我留在北大更容易解决我个人两地分居的问题。最终北大情结起了作用，我还是愿意在北大这样的环境里工作，而且还能够解决家庭的问题。就这样我还是留在了北大。

那时，教委既有图书情报处，同时继续保留图工委，相当于一套人马、两块牌子。不久进行了一次机构调整，几个机构合并成立了条件装备司，图书情报处保留。

后来国务院再一次机构改革，教委调整成教育部的时候，进行了机构精简，条件装备司被撤销，相关职能在高教司设立教学条件处来办理，像图工委这种半官半民的机构要求一律取消，高校图书馆界大家都反对取消，所以有关领导采取了变通措施，把它变成了一个专家型的机构，像聘教指委（教育指导委员会）的委员一样聘图工委的委员，又将秘书处放到北大，让我来做秘书长。这是后话。

顾晓光：回到北大图书馆以后呢？

朱强：当时馆里搞自动化搞了好多年也没有搞起来，庄馆长希望我到自动化部，任命我做馆长助理兼自动化部主任，这是1989年下半年的时候。1989年初我的妻子就借调来北大，女儿也在北大幼儿园借读，大约在1990年户口也转到北京了。

北大图书馆的自动化起步比较早，1979年就成立了一个计算机研究室，初由副馆长潘永祥后由陈源蒸任主任。我那时还在上大学，我们有八个人组成了一个计算机的兴趣小组，多听了一些关于计算机的课程，这也有助于我在后来做自动化的工作。

顾晓光：当时工作的难度在哪里？

朱强：当时自动化部分成两派，一派是希望用 PC 机实现自动化，一派说既然我们花了几十万买了世界上当时很先进的 VAX（Virtual Address eXtension）小型机（注：VAX 是 Digital Equipment Corporation 在 1970 年代中期开发的指令集架构），为什么不发挥它的作用呢！

我当时就做了一个调研，征求包括校外专家在内的很多人的意见，多数认为应该应用小型机。虽然 IBM 的 PC 机也很先进，但价格并不便宜，而且当时只能单机操作，我就向馆领导建议用 VAX 机来实现自动化。馆里最终采纳了我的意见。主张用 PC 机的有些人还为此调离了。

顾晓光：看来争议真是很大。

朱强：是的，那时只要一起开会就吵架。馆里作出决策后，因为大部分人认可和有些持强烈反对意见的人调离，所以气氛开始好转，大家能够比较踏实地开始工作。在开发过程中，不少年轻人从中受益，业务上成长很快，后来有几位都去美国了。花了两年多的时间，1992 年，系统开发完成，通过了验收，并获得了学校的科技进步二等奖。但机器已经买了好几年，已经不能支撑整个系统的运转。举例来说，当时它的内存 8M，外存 912M，处理能力弱，反应慢，但有冰箱那么大。所以，又向学校申请，花 200 多万买了一台新机器，那时已经可以实现网络化的操作，但是需要有线连接。

实施自动化的后续工作繁重，包括为每本书装磁条、贴条码、计算机编目。编目的时候，先进行英文图书的编目，因为有从美国国会图书馆买来的磁带以及后来的光盘。这段时间 PC 机的发展很快，中文处理能力较强，可以实现 Client/Server

结构的操作，我们又买了一些 PC 机，来处理中文的编目。

1996 年，清华大学图书馆率先引进了 INNOPAC 系统，它在当时是比较先进的系统。我参加了论证会，除了我来自图书馆，其他人都是来自计算机方面的专家。通过论证会，我发现系统还是国外的比较先进。清华的刘桂林馆长说，引进国外的系统，不仅是引进他们对于业务的处理和技术方法，更重要的是通过系统引进来学习他们的管理理念，这句话给我留下深刻的印象。

1998 年，我馆建成了新馆（现在的东楼），那时应用什么样的系统又发生了争论，一派主张引进国外的系统，一派说既然我们辛辛苦苦地开发了自己的系统，还应该继续用下去。最后决定引进国外的系统，当时正好 SIRSI 公司新推出 Unicorn 系统，系统架构、数据库底层比 INNOPAC 先进一些，适应性上要更好一些。

当时 Unicorn 还没有汉化，而 SIRSI 急于进入中国市场，他们就提出和北大合作一起汉化，这样引进变成了一种合作，这也是我们决定引进 Unicorn 的一个因素。1999 年，系统投入使用。至此，北大图书馆才算是完全实现了自动化。

顾晓光：在这期间，您还经历了什么大的事情？

朱强：上世纪 1980 年代中后期，直到 1990 年代初，教育经费十分缺乏，很多高校图书馆处在一种“砍书保刊”的状态中，我们做了全国性的调研，发现情况很严重，就给教委打报告，也写文章，希望做资源共享。1987 年，第三届全国高校图书馆工作会议以后，我们就做了方案，希望在全国建立若干个学科中心，如果某个学校的某个学科基础比较好，再给其一定的投入，增强学科的特色，使之不光为本校服务，而且还可以为其他院校服务，这是学习了德国的经验。这个方案在当时的条件下很难实现，因为没有电脑和网络，而且还没有钱。

尽管如此，图工委还是尽力做一些实际工作，其中包括外文期刊方面的共享。当时有一个外刊订购协调小组，由北大、清华、复旦、南大等外刊订购相对多一些的图书馆组成，每年在外刊订购前都要开会，协调各自的订购品种，尽量减少重复，等到刊后再根据大家的需求，进行影印复制，部分地解决一点短缺的问题。

1993 年，国家教委提出要搞“211”工程。本着共建共享、提高效益的理念，工程提出进行高等教育公共服务体系建设，起初有三项：一个是中国教育和科研计算机网（CERNET），因为 1991 年搞了中关村科技网示范工程，它把北大、清华和中科院三家连起来了，所以用 CERNET 带动并连接 211 各校的校园网；另一个是中国高等教育文献保障系统（China Academic Library & Information System，CALIS），作为教育科研网的重要应用，实现图书资料的共享；第三个是大型仪器设备共享系统。CERNET 由清华牵头，CALIS 由北大牵头，任务交给了图书馆。

我们请了当时图书馆自动化应用程度较高的几个高校的同仁一起做方案，也是争论得一塌糊涂，很长时间没能达成共识。由于 1994 – 1995 年间我去美国进修，方案的制订也受到影响，拖了下来。但对我个人来说，当时互联网开始在美国兴起，我在进修期间学习了很多互联网的知识，收获很大，对回来后开展相关的应用打下了较好的基础。从美国回来后，我接着进行 CALIS 的相关筹备工作，后被任命为 CALIS 管理中心副主任，负责主导了 CALIS 第一期、第二期工程的建设方案。

2002 年，由北大、清华、哈尔滨工大三校的深圳研究生院组成的深圳大学城要建图书馆，向北大提出希望支持一个人去做馆长。经过一番程序和运作，我按借调的方式去深圳大学城任图书馆馆长。2002—2005这三年，我就经常往返北京和深圳，因当时还兼着CALIS管理中心副主任、《大学图书馆学报》主编和图工委的秘书长。

应该说，在深圳大学城图书馆的三年对我也是一个很好的锻炼机会，使我在独立管理一个图书馆方面积累了经验。初到深圳，我就是一个“光杆司令”，小到买书买办公用品，大到做经费预算招聘馆员，一切都是从头开始。为满足三个研究生院的迫切要求，在馆舍还在设计施工的过程中，我们积极创造条件，借北大深圳研究生院的行政楼一层，开办了临时的图书馆，对师生提供服务。

2005年，深圳大学城图书馆的建设已近尾声，临时图书馆运转正常，根据学校需要，2005年下半年我回到北大任副馆长。与大学城同事们三年朝夕相处，甘苦与共，大家结下了深厚友情，要离开确实是依依不舍。当时大学城领导多次真诚挽留我，这次还是北大情结起了作用，最终我回到了北大。

顾晓光：您从1977年进入北大已经有30多年了，见证和参与了北大图书馆的发展，请您谈谈在北大图书馆做的印象深刻的几件事情。

朱强：一是实现图书馆的自动化。当时很不容易，可以说是困难重重。除了自动化部，各业务部门几乎所有员工没有接触过电脑，要进行各种培训，消除各种阻力，协调各方面关系，等等。前面已说了。

二是新馆的规划设计。我们从1986年开始呼吁学校建设新馆，一直到1996年才开始动工。给学校写报告、调研相关需求和设计任务书等工作，这些主要是我来做的。

顾晓光：当时还是李嘉诚出资建造的。

朱强：大约是1993年，李嘉诚先生来北大访问，被学校安排参观图书馆，当时图书馆由于空间紧张，两个天井都盖了简易房作为学生自习室，空气和光线都不好，总的来说，条件很差。李嘉诚就很感慨，没有想到北大图书馆是这个样子，表示一定帮助北大建一个新的图书馆。后来决定捐助1000万美元。1000万美元实际上并不够，按照捐助协议，应该由政府相应配套，但当时教委也没有钱，只好先就这些钱用，最后学校补了不足的部分。也正是由于经费紧张，新馆的建设就有很多因陋就简，留下了很多遗憾。

顾晓光：现在计划中的新馆进展如何？

朱强：北大图书馆古籍收藏在全国高校中是最多的，但保存条件并不好，也没有展示的条件。因此几任馆长都希望能有一个专门的古籍图书馆，也向学校打过报告。后来碰上沙特国王图书馆分馆项目，我们趁机提出与古籍图书馆合而为一，得到了立项。从提出到现在差不多五年，就要动工了。

这个新馆是和沙特合作，其间遇到了很多问题，涉及文化的差异、细节的沟通、拆迁等等。最后的协议是今年二月份温家宝总理去沙特访问时签署的。新馆分两部分，一是沙特国王图书馆北大分馆，相当于阿拉伯文化中心，他们希望有5 000平方米的面积。二是北大古籍图书馆，我们这边大约7 000平方米，建成后就可以把古籍搬到新馆，除了保藏条件大为改善，还将有类似博物馆那样的展示条件。由于现馆舍建设时留下一些遗憾，功能上不太适应近年来图书馆的发展要求，加之这两年雨水大，目前的古籍库有漏水现象，所以等古籍搬到新馆后，将对现馆舍进行大修改造。如果这两项工程完成，到时馆舍空间和环境会有一个非常大的改善。

顾晓光：请您继续介绍这些年所做的一些工作。

朱强：三是 CALIS。刚才说了，一期的方案主要是我来牵头，同时还有其他高校图书馆的五六位同仁，像上海交通大学图书馆杨宗英、清华大学图书馆安树兰等。我们一起将建设方案做出来后，学校比较重视，为了争取尽快实施，当时北大常务副校长王义道带着我们跑发改委、财政部、教育部等。1997 年教育部同意先成立管理中心，管理中心主任是王义道，戴龙基和我是副主任。后来我们认为技术力量还需要加强，就调入了陈凌任副主任。

一期还是传统的、以纸本文献为中心实现资源共享，比如先做联合目录，在此基础上进行馆际互借。当时环境下，馆际互借很难通过实物来进行，就转为做文献传递，复印或者扫描以后再传。

一期建成以后，一个共建、共知、共享的理念被大家接受了，也实现了在国外已经实现了好多年的联合编目，得到了广泛认可，但当时范围局限在 211 高校，一期只有 60 多所高校，经费也少。虽然很多人都知道，但受益面小，实际影响还不够大，很多没有参与的学校就比较有意见，认为这是“富人俱乐部”。

二期就扩大了一点，除了 211 高校本身的范围扩大，有条件的其他高校也可以参与进来。按照政府要求，二期尝试进行了某些项目的有偿服务，这一点不被大家认同。加之技术力量的限制，一些地方、学校在系统的安装、运行、维护上都遇到困难，CALIS又没有足够的人手去帮助，所以还是受到局限。

到三期覆盖面就更大了。一方面，系统采用了云技术架构，实现了SaaS服务。另一方面，鉴于经费大大增加，实行了全免费的服务政策。加上普遍设立了省中心，开展了示范馆活动等，吸引大家广泛参与。

顾晓光：今年暑假前，三期验收的情况如何？

朱强：CALIS三期进行了普遍的服务，而且完全是免费的，所以大家评价不错，无论是图书馆用户的方面，还是上级组织验收的领导、专家的方面，都觉得CALIS三期比二期进展很大，验收比较顺利。

顾晓光：三期以后的规划是什么？

朱强：三期验收以后，一方面还有一些收尾的工作，一方面正在做新的规划。

顾晓光：有没有四期的提法？

朱强：我们在争取。但实际上，一期一期地申请，有很大的难度。每一期和上一期之间，有一个空当，这个空当很长，二期和三期之间间隔了差不多三年的时间。这三年没有经费，但系统运行必须保障。这对我们来说非常困难，只能跟学校借钱。这严格说不符合经费管理规定，这样下去不是办法。

所以，前一段时间，我们向教育部呼吁，能不能把CALIS变成正常的经费投入，比如每年投入多少来运行。如果要有新的发展，再去申请项目的经费。但这个设想的实现不取决于我们，最终能否实现还未知。

顾晓光： CALIS 的这三个时期，每一个阶段的发展都是不一样的。每一期都是在上一期的基础上甚至是进行跨越式的建设。如果我们提出四期的规划，是不是也有与之前三期不一样的内容？

朱强： 这些都是在考虑之中，但目前还不便透露。

顾晓光： 这是您之前所做的三件大事。

朱强： 是的。我还希望在退休之前，能够把东楼的改造完成，还有古籍馆能够建起来。这样的话，我对北大图书馆就有一个很好的交代了，也给后面工作的同事有一个很好的基础。

顾晓光： 请您介绍一下中国高校人文社会科学文献中心（China Academic Social Sciences and Humanities Library，CASHL）的运行情况。

朱强： CASHL 是我的前任戴龙基馆长一手张罗起来的，2004 年开始运行，那时我不在馆里，只是参与了一些讨论。国家提出要加强哲学社会科学的建设，当时的副部长也是现在的部长袁贵仁主管这部分工作，每年有 1 500 万经费，后又把文科专款（每年 200 万美元，后来增加到 400 万美元）合并进来。由于每年经费有保障，建设比较顺利，这和 CALIS 不太一样。这也是为什么我们希望 CALIS 也能够每年都有这样的保障。

顾晓光：目前有600家高校成员单位了？

朱强：受益的有600家高校，但享有文科专款的高校只有70家。原来很多，只要有硕士点就可以拿到经费，后来发现这样太分散了，有的高校一年只拿到一两千美元，买不了几本书，后来就收缩，变成了70家。像北大是拿得比较多的，一年有40多万美元。

CASHL的资源和服务体系由17个中心构成：北大和复旦作为全国中心，还有5个区域中心和10个学科中心，提供服务的主要是这17家。

顾晓光：CASHL现在还与中国社科院图书馆、福建社科院图书馆、澳门科技大学图书馆和上海图书馆等机构合作，未来是不是会加强与更多的非高校图书馆系统的合作？这里面有什么困难，比如版权问题？

朱强：是。我们会尽量规避一些版权问题，同时，我们也强调要保护知识产权，在网站上和实际操作中都是这样。由于有了正常的经费，配备了比较得力的人，包括肖珑、关志英等，做了大量的推广工作，服务效果显著，因而受到用户的欢迎。同时，CASHL也积极地与其他系统图书馆开展合作，扩大资源。也开展一些相关的研究，如向教育部申请了课题，进行资源布局等方面的研究。参与的图书馆之间的合作也还好，比如每个图书馆被指定要买哪些刊，而且不能轻易地断掉，哪怕经费不够，也要贴钱进去，保持它的连续性，另外还买了一些数据库。总体来讲，CASHL的进展比CALIS更顺利一些。我在这方面的投入并不多，只是帮他们出出主意。

首先与我们合作的非高校机构是中科院，因为它的人文社会科学的资源比较少，所以就比较依赖 CASHL。我们在科技方面的资源会从它那边获取到，这样互通有无。后来，是社科院加入，还有上海图书馆。上图有很多资源，但利用率不高，和 CALIS 和 CASHL 合作后，大大地加强了资源的利用。

顾晓光： 上图是比较开放的。

朱强： 对。在吴建中馆长领导下，它的服务理念和开放的意识都比较好，所以我们的合作就比较顺利。副馆长陈超、刘炜说，很多以前没有读者借阅的外文资源现在也有人借阅了。

顾晓光： 北大图书馆已经是“百年书城”，成绩斐然。每一个北大师生都或多或少受到图书馆的影响，110 年的北大图书馆如何来庆祝？

朱强： 实际上，从前年开始，我们就开始计划，并不是非要庆祝北大图书馆的 110 年，而是利用这个机会更加促进北大图书馆自身的发展，同时也向外界宣传一下，主要是这两方面的考虑。从总的来看，我们没有太多的、很花哨的活动，主要是召开一个国际会议（会议网站：http://pkul110.lib.pku.edu.cn/）。我担任的环太平洋数字图书馆联盟（PRDLA）主席今年到期卸任，在任三年的年度会议一年在复旦大学、一年在南加州大学，最后一年放在北大，将北大图书馆的 110 年馆庆会议和这个会议合在一起召开，主题是“变革与走向：重新定义大学图书馆的未来”。对图书馆的未来大家都有很多议论，甚至说图书馆将来会灭亡。但从北大图书馆和高校图书馆来看，图书馆还是很有价值的，通过这个会议把这样的信息传递出去，是很有意义的。

顾晓光：此次会议的预期规模有多大？有哪些重要的来宾？

朱强：参会正式代表人数预计有100多人。上午有一个庆典，校领导和一些受邀的嘉宾以及两个大会主题发言，后面有三段时间的分会场讨论，一共大约有二三十个发言。报告人主要是我们邀请的，少数是征文的作者。国外嘉宾有60－70人，占会议代表约1/3，规格比较高，美国不少大馆的馆长都会来，另外我们还邀请到了国际图联现任主席和哈佛大学副校长。我们还会办一两个展览，出版征文的论文集，或者把征文放到网上。另外，我们还会推出新版的图书馆主页。

顾晓光：国际会议的主题中用了“重新定义”这个词。我记得十几年前，数字图书馆的建设刚刚起步的时候，也是有一些这种词汇来描述图书馆的发展，比如还有“机遇与挑战”等。这个“重新定义”和当年的数字图书馆的发展环境有什么不同？

朱强：数字图书馆是一个发展的事物，有一个发展的过程。这和社会发展的规律是一样的，会受到很多条件的限制，比如人们认识水平、技术水平、经济水平等限制。起初，人们把数字化当成数字图书馆的重点，把电子化当成数字图书馆的模式。那时由于一些限制，很多人只是进行研究和讨论，实际上没有办法实现。经过多年的实践，数字图书馆的功能不断地改进和完善，由于技术的进步，现在做不到的未来可以做到，比如移动图书馆的发展。

当初提出的几个 Any（注：Anyone、Anytime、Anywhere），可以说是一个良好的愿望，现在看是可以实现的或者说不久的将来就可以实现。但这不是终点，并不一定很便利地做到和所有人都能够做到，所以我们还要有更新的目标。数字图书馆不仅是数字化的问题，也不仅仅是图书馆界的事情，它涉及上下游及周围方方面面，包括用户自身。现在谈数字图书馆，它的范围更广，技术的应用更新。以前是有多少数字资源的问题，现在是如何找到我们所需要的数字资源的问题。我们面临的任务和要求也就不一样了，这就是要实现泛在化服务，以后要实现智能化服务，新的任务随着发展而产生。

顾晓光： *在某种程度上，这是不是也可以说是一种被动的变革？比如来自像 Google、Amazon 等互联网的冲击。*

朱强： 这既有被动的因素，也有主动的因素。一方面，意识到图书馆的使命和价值所在，我们要主动地适应这种需求的变化而发展；另一方面，读者查找资料去 Google、百度，这并不是图书馆没有作用，而是他们没有意识到图书馆的作用，我们需要加强对用户的宣传。而且，图书馆和 Google、百度并非对立的关系，而是相互补充，甚至是可以合作。百度以前和我们合作过，我们把元数据信息提供给他们；我们与谷歌也合作过，引进的一些国外数据库可以直接通过谷歌搜索并看到全文。

由于百度在查找外文资源方面的不足，很难支撑我们的研究，从这方面看，Google 有替代图书馆的潜在能力。但我们应该看到，高校图书馆馆员也是一种资源，这是 Google 所不能取代的。只要我们的馆员素质和能力能够不断地提升，服务能够不断地改进，这样我们始终能够发挥自己的价值。如果我们不思进取，不掌握新的技术，不改进我们的技能，不改善我们的服务，很有可能会被取代。

顾晓光：是的。现在的图书馆员已经不仅仅是借借还还的角色了，现在像北大这样的教学研机构已经出现了很多学科馆员，您怎么看北大的学科馆员的发展？

朱强：对比国外的学科馆员，我们做得还不够，但我们也很努力地往这个方向去转型，最近这几年我们新进的员工也是着力在这个方向。特别是最近三年，我们比较关注学科馆员，他们发挥着不小的作用。

顾晓光：哈佛图书馆要“做一个科研教学不可缺的伙伴、引领者和合作者”，我认为引领者太难了，这是我们的一个目标吗？

朱强：图书馆员，特别是学科馆员，他应当有这个能力。研究者，特别是站在学科最前沿的研究者，他本身就是引领者。但他的领域可能非常窄，所以需要有学科馆员参与进来。像张晓林领导的中科院图书馆，他们的学科馆员，或者叫研究型馆员，做学科的趋势分析，每年会给中科院的领导提交学科的进展报告，它对于中科院的战略决策起了很大作用。这就有引领者的作用，它不在于某个具体的细节，而在于宏观的方面。

去年，学校制订十二五规划，需要了解全校的各个学科处在一个什么样的水平，他们也委托 Thomson Reuters（汤森路透）、Elsevier帮助做一些工作，但这些企业掌握的信息是国外的，而且也不齐全，只针对自己的资源进行分析。我们图书馆咨询部就帮学校进行了一个综合的分析，既有外文的数据，也有中文的数据，最后做了一个北京大学学科竞争力分析报告。

顾晓光：北大图书馆做这样的报告有很大的优势，在国内也是最早做文献计量的机构之一。

朱强：是啊，我们有工具，又有充分的资源，再加上有较高水平的馆员，做这样的工作是可以的。我就提出一个要求，希望每年都有一份这样的报告。将来，我们还可以按照学院来做，比如做经济学院的学科竞争力分析报告，但这需要人力和经费的投入，只是一个设想。

顾晓光：针对具体的个体研究者来说，学科馆员需要做什么？

朱强：刚才你提到的“科研教学不可缺的伙伴”也是可以理解的。如果这位学者专注某个领域，我们可以针对该领域不断地提供相关资料，他申请课题的时候，申请奖励的时候，我们都可以给他支持，提供所发表论文的被引率、H指数等。我们现在为十二个院系提供学科服务，现在的难处主要是图书馆人员紧张。

顾晓光：现在招聘新人是不是主要侧重在学科馆员？

朱强：不是，实际上我们不可能把人都集中到那里去，别的部门也需要人。相对来说，目前我馆学科馆员队伍的学历最高、学科面最广、最年轻。

顾晓光： 北京大学要建设世界一流大学，北大图书馆要建设世界一流大学图书馆。您在去年访问考察了美国的大学图书馆，并在《大学图书馆学报》发表了《感受变革 探访未来——美国三所大学图书馆考察报告》。这三所大学图书馆都是世界一流的图书馆，您认为世界一流大学图书馆安身立命、最重要的优势在哪里，或者说我们还应该在哪些方面多做努力？

朱强： 我去过很多美国的大学图书馆。从硬件来看，我们不比他们差；从理念说，也不会落后多少，最关键的是在人。但这又不是短时间内能够改变的，我们的事业心、责任感与世界一流大学图书馆相比，还是有差距。还有一个差距是在知识素养和专业技能方面，像哈佛或者康奈尔的图书馆员可以为每门课程做一个 Guide。学生访问图书馆网页，对于想修什么课、选什么专业，一目了然，可以得到很好的参考。我们的馆员做不到，即使想做也做不了。举个例子，康奈尔新来一个教授，学科馆员就会约他喝咖啡，或者共进午餐，会说，“欢迎来到康奈尔，我是你的学科馆员，如果有什么要求，我很乐意帮助你。”学科馆员并询问现在有什么样的想法、目前从事的研究，自然而然就建立起比较密切的关系。这其中有文化上的差异，我们不够 open。这种要把工作做到最好的意识我们还很欠缺。这些差距，我认为是最主要的差距。

顾晓光： 这是不是和整个社会大环境有关系？

朱强： 肯定有关系。总的来说，我们很多人现在缺乏理想和信念，缺乏对工作的神圣感和敬畏感。

顾晓光： 在专业素养上，也有历史遗留的问题，我们没有图书馆员的准入制度，也没有相关的法律做保障。《公共图书馆法》正在制定当中，为什么高校没有参与，感觉像高校不积极一样。

朱强： 不是不积极。呼吁制定《图书馆法》，一直是高校最积极。因为文化部是主管图书馆工作的，但他们直接管理的又是公共图书馆，所以在制订《图书馆法》的时候，出发点都是公共图书馆，没有高校图书馆的人来参与，等征询高校图书馆意见的时候，高校图书馆发现很多条款不合适，不光不能促进高校图书馆的发展，反而可能会有限制，因为两种图书馆差异比较大嘛。这样，当然就会提意见了（当时我本人并没有参与），国务院法制办发现原来问题这么多，就搁置了。后来文化部认为既然《图书馆法》很难取得大家的认同，干脆就把其他图书馆放一边，专做《公共图书馆法》。

顾晓光： 是的，这样更现实一些。那么现在高校方面是否有诸如《高校图书馆法》的设想？

朱强： 我的观点是等《公共图书馆法》实施后再看，看看实际效果怎么样。但就我现在看到的文本，不能寄太大的希望。《公共图书馆法》实施后好的方面，高校图书馆以后可以参照。

顾晓光： 您曾经担任过 IFLA 管理委员会委员，还担任 IFLA 信息自由获取和自由表达委员会委员，并多次参加过 IF-

LA 的 WLIC 会议，请您介绍一下 IFLA 的工作情况。

朱强：张晓林担任 IFLA 管委会委员期满后，中国图书馆学会希望我竞选，我当时事情比较多，而且去开会牵扯很多的精力，投入很多的财力，我就给当时学会秘书长汤更生说，需要征得学校同意，这样如果竞选成功，出去开会的经费才有保障。无论是学会秘书处，还是我们馆里，都做了一些推荐性的工作，结果还不错，当选了。

在任期间，开会的时候有些郁闷，委员中只有我一个亚洲人，主要的委员都来自欧洲和北美，非洲也有几个，有时对一些事情即使我发表了意见，也很难被重视或采纳。有些会议由于时间就是一两天，但要花很多时间办审批手续、花费较多和自己的时间安排，就没有去，这样感到很难发挥作用。

但参与 IFLA 的事务，也使我了解了 IFLA 的运作过程、工作重点和关注的领域，它对于推动全球的图书馆事业发展起到了一定的作用。由于它是以欧美国家为中心的组织，也因为欧美委员最多，自然就会无意识地以欧美为中心。第二次竞选连任管委会委员的时候，我就没有下太多的工夫，再一个就是还有几个亚洲国家也派出代表参与竞选，把票分流了，结果现在亚洲一个委员也没有。

顾晓光：我记得上海图书馆吴建中馆长（时任副馆长）第一次竞选 IFLA 委员的时候，是在泰国 IFLA 年会期间，我当时也去泰国参加 IFLA 会议了。我记得由于泰国的一位代表也参与竞选，把亚洲的选票分流了，吴馆长很遗憾地差几票没有当选，而在下一届才当选委员。另外，现在越来越多的中国图书馆员参加 IFLA 的年会，我们通过 IFLA 与国际图书馆同行的交流中，最需要学习哪些方面？

朱强：我们通过 IFLA 会议，第一要了解中国以外的图书馆在关注什么；第二是他们为了改善服务、体现价值，做了些什么；第三是我们要宣传自己，让别人也了解我们的发展。这一点，我们做得还很不够。

这一届赫尔辛基 IFLA 年会，芬兰国家图书馆馆长的发言给我印象深刻，他也是我们委员会的主席。他说互联网已死，互联网的本意是互联互通，网民可以自由地交流，但现在已经失去了这个意义了，除了不多的一些国家外，各国都有审查。另外，free 的互联网已经变成 private，成为很多公司挣大钱的工具。以目前的社交网站为例，我们登录网站需要注册，需要 ID 和 Password，大量的个人隐私被他们掌控，存在着很大的潜在危险。这是他的主要观点。

于是，国外一些人已开始发起一个运动，反对对互联网的控制，中国是他们常常提到的国家，美国、英国也被他们批评。在赫尔辛基开会期间我也体验到，芬兰的互联网确实很自由，随时可以上网，没有任何限制，这就让我感受到一个很强烈的对比。

顾晓光：IFLA 会发布各国的信息报告（IFLA World Report），里面有各国有关机构回答本国图书馆及信息机构发展的问题。关于我国情况的有些答复被报告方质疑，并放在问题后做备注，比如在信息自由方面，他们使用第三方独立机构的数据来否认答复的正确性。我认为我们是不是可以用一种巧妙一点的方式来回答，不要去否定事实的存在。

朱强：其实就可以实事求是。有些网站就是可以封，比如涉嫌欺诈的网站。我个人认为不能完全自由，需要管理，但要理直气壮地管理。

顾晓光：前一段时间看到北大图书馆主页上的通告："从10月8日起，图书馆主要阅览室将实行全周无差别开放，提供早8：00－晚10：00的7×14小时服务，不仅延长了服务时间，还新增了闭架借书处等服务点。实行新服务时间后，图书馆每周阅览服务时间大幅增加为98小时，居全国高校图书馆前列。图书馆自习区每周的开放时间也延长至112小时。"如何理解无差别开放？

朱强：原来周一到周五、周六和周日的开放时间和范围有差别，现在取消了差别开放，并非对读者有差别。每年学生双代会（学代会、研代会）都会有一些提案，包括意见或者建议，涉及很多方面。和图书馆有关的提案集中在希望图书馆延长开放时间，还有人提出24小时开放。24小时开放，学校就不同意，无论从学生安全还是学校正常作息时间的角度，校方都不提倡。最近有一个学生给校长信箱发信，他特别到周边的学校的图书馆做了一个调查，结果发现北大图书馆开放时间最短。我们认真接受了这个建议，虽然这牵扯增加人力、财力的问题，但最后还是实现了。

顾晓光：现在开放时间延长，服务时间和美国高校图书馆比也不少了吧？

朱强：不算少了。有人说国外大学图书馆全天24小时开放，这种情况几乎没有，最多是有个别的自习室24小时开放。

顾晓光：高校图书馆公共服务的话题在今年初是业内讨论的一个焦点。您作为首图联盟副主席也就此接受过一些采访，并表达了“高校图书馆对外开放后，将不会对读者设定门槛”。我作为一名北大图书馆的读者来看，以前北大图书馆也并没有排斥校外读者服务，在今年对外宣传提供公共服务后，也并没有感觉出有多大的变化。现在高校图书馆公共服务的细则并没有公布，请问在未来能够达到什么样的程度？在实施过程中可能会出现什么样的困难和问题？昨天刚刚看到一个新闻，标题是《沪多数高校图书馆不向公众开放 敞开大门只是传说?》。

朱强：你认为高校图书馆应该如何向公众开放?

顾晓光：我觉得维持现在的情况比较好。在各方面条件成熟的基础上，逐步开放一部分服务。在公共图书馆无法提供文献的情况下，高校图书馆在能够承受的范围内，应该进行相关服务，比如需要的资源正好闲置，但也仅限于纸本资源，因为电子资源有与服务商的协议，这牵扯版权的问题。在这方面，我同意复旦大学葛剑雄馆长的观点（详见《访谈复旦大学图书馆馆长葛剑雄先生》一文）。

朱强：因为你是图书馆学专业出身，所以你有这样的理解。但对于社会公众来说，他们不是这个想法。我已经接待若干次记者的访问，我基本都表明了自己的观点，包括那次联盟成立会议结束后，几个记者采访我，我说，高校图书馆不可能像公共图书馆那样面向社会公众开放，肯定要有限制，而限制就是我们现在的做法。其实，北大馆已经很开放，读者只要提供二代身份证，一天交三元钱，就可以查阅资料。公共图书馆找不到的资源，你就到我们这里来，我们肯定接待，而且北京很多高校都是这样。还有做得更好的高校，比如南京师范大学，在暑假读者量少的情况下，可以向社会发放300个阅览证，但这是在仙林校区，周围没有什么社区居民，因而实际去的读者不多。

我离开深圳大学城图书馆之前，向深圳市提交报告，希望它既是大学城图书馆，也是深圳科技图书馆，后来被采纳了。为什么要写这个报告，因为如果你单纯是大学城图书馆，市政府不愿意投入经费，由三所大学经费支持就好了。而且我发现深圳的科技文献较少，特别是深圳图书馆在外文资源、科技资源方面比较缺乏，而大学城图书馆合并了深圳科技情报所，科技资源有优势，资源建设的重点也是外文学术资源。既然这方面有优势，就要支撑深圳的经济、科技创新的发展，因为深圳的高科技企业也很多。而且，这样经费和人员也得到了保障。

大学城图书馆有公共图书馆的职能，向市民免费开放，有些市民进来后，只是参观一下就走了，因为大部分资源不是他们所需的，高校图书馆也是这样，只有搞研究的才会进来。

顾晓光：是的，即使像北大图书馆文学区的小说，大多也不是大众小说，所以面向的群体还是比较窄。

朱强：没错。这样来说，完全开放就没有意义。而且，我们的现实条件也不可能那样开放。简单来说，现在学生把笔记本电脑放在桌上，可以去食堂吃饭，如果完全开放后，这就不可能了，还有座位有限等等因素制约。所以我一再强调，要利用现在的计算机技术、网络技术，实现网上资源的共享。如果借书，可以通过馆际互借。如果你是首都图书馆的读者，你发现首图没有你要的资源，可以通过馆际互借，将请求发过来，我们将资源传递到首图去，你看完后再还回来。这样我们也规避了风险。如果你直接来借，不还怎么办？学术资源的收集不易。

顾晓光： 好像记者发的采访您的稿件与您的观点有些不一样。

朱强： 记者误导，而且像允许乞丐进图书馆，图书馆还是图书馆吗？图书馆又不是收容所。我就给倪晓健馆长建议，应该实现北京各图书馆的互联互通，但需要财政的支持。

公共图书馆向公众免费开放后，国家财政补贴几十个亿，而现在要求我们高校图书馆向公众开放，却并未出台任何政策或措施。这样实际做的话将给高校图书馆带来额外的人力和经费支出，没有相应的投入，开放是做不起来的，勉强做起来也是不可持续的。

另外，有人说美国的大学图书馆都是向社会开放，而实际上不是这样的，至少我去的很多大学图书馆，人家不接待社会人员。像斯坦福大学图书馆就不对外开放，有一次我们在伊利诺伊大学举办的馆员培训班学员去哥伦比亚大学图书馆参观，人家不接待。虽然事先联系过了，但中间出了一点差错，人家以私立大学的理由拒绝参观。但美国的公立大学一般会接待公众。

顾晓光： 从新闻上看，您是高校图书馆公共服务最积极的倡导者，并表达过“高校图书馆对外开放后，将不会对读者设定门槛”这样的观点。

朱强：我没有说过这样的话。我们为了公共服务还专门买了二代身份证的验证机，防止身份证造假。我就听说某个高校图书馆曾经发生过古籍被骗的事情，有个读者拿着假的身份证偷走了一本古籍书。

顾晓光：您的77级同班同学力求同在2012年7月《书城》杂志上发表了一篇《大学图书馆的严冬——透视哈佛图书馆重组》的文章，里面提到了哈佛图书馆重组目标锁定为“……图书馆放弃知识管理系统的核心地位，争取融入互联网的虚拟世界，成为其中一分子而有所作为”。您认为这意味着是“虎口夺食”还是“与虎谋皮”呢？哈佛全员聘任，重新来过。我们是紧跟这样的步伐，还是留有鸵鸟心态，反正现在也不错。

朱强：这篇文章我没有看到，所以我无法对这篇文章进行评论。去年我去哈佛大学时，我就和这次会来参加北大馆庆国际会议并做主题发言的副校长做了面对面的交谈，也了解到了哈佛图书馆此次改革的情况。哈佛图书馆系统很庞大，过去也发挥了非常重要的作用，但它的改革相对滞后。很多高校图书馆都已经改革了，有一些创新。相比而说，它虽然也有些变化，但不够，所以下决心要进行大规模的改革。其实，他们一直想改，但是阻力很大。这位副校长原是哈佛商学院信息中心主任（Manager），她对商学院图书馆的改革很成功，所以哈佛就任命她为副校长，由她来主导图书馆的改革。她通过这次改革，增强图书馆系统的合理性，提高运作效率，加强技术的应用。当然，图书馆并不会放弃知识管理系统的核心地位。

根据我的理解，此次重组主要针对图书馆最上层的机构进行，下面的机构变动不会太大，比如哈佛燕京图书馆还是保留。这在哈佛图书馆历史上是一个比较大的事件，但对于我们专业上来讲，并不是剧烈的变动。最准确的信息，应该等她来参加我们馆庆国际会议的时候，就比较清楚了。

高校图书馆确实需要改革，我回北大图书馆后，也推动了一些改革，包括机构的重组，人员的重新聘任。我们现在两年聘任一次，机构也调整了一些，比如采访和编目合并为资源建设部，纸本资源和电子资源的部门合并在一起，原来 CALIS 文理中心和 CASHL 管理中心是两个办公室，现在合并为一个办公室，一套人马，做两方面的工作。

随着业务的发展，读者需求的变化，图书馆本身功能也需要作出一定的调整，这都是必要的，但不是说机构重组就是颠覆性的，它只是为了更好地发挥图书馆的功能。

顾晓光：现在北大院系的资料室都逐渐地纳入图书馆的分馆体系中，以后会有一个什么样的总分馆体系走向？

朱强：第一步实现共知，总馆和分馆的资源大家都能够相互知道；第二步实现共享，师生可以到外系去借阅资料；第三步实现分馆作为学科中心的职能，我们现在是院系分馆，将来能不能成为学科分馆？像历史系分馆和中古史分馆很多资源是重复的，应当协调资源建设，减少重复。像康奈尔大学，物理分馆和工程分馆都没有了，资料全部数字化了，都可以通过网络查找，理工类学科的纸本资源越来越少了。

顾晓光：美国高校图书馆的总分馆体系与之有什么不一样？

朱强：北大和哈佛比较像，各个分馆比较独立。哈佛这次重组也基本保障了分馆的独立。还有一种是分馆的馆员是总馆派出去的，叫做派驻制，像斯坦福大学、伊利诺伊大学、密歇根大学的图书馆都是这种类型。

顾晓光：《中华读书报》2012年8月15日17版《电子阅读影响图书馆生存?》中提到："2009—2011年，人民大学图书馆两年内购进了10万种图书，其中40%是在两次以下和零借次。副馆长刘春鸿说：10万种图书中，有3万种图书读者没怎么使用过。"这是图书馆自身采访质量的问题，还是整个图书馆界难逃的一种宿命?

朱强：对于纸本书来说，零借次不可避免。我们在采访的时候会借鉴读者的推荐、出版社的信用度等因素。对于研究型图书馆来说，收藏图书并不仅是为近期使用的，还起到传承文明的作用。

顾晓光：今年没有读者使用，并不代表明年没有读者使用。

朱强：对啊。所以不能简单地以是否被借了来评价馆藏资源的质量，人类一切的文明成果，我们尽量都要把它保存起来，实际上我们做不到，但要力所能及地去做，这是针对纸本资源。面对数字资源，现在有一些新的方法，比如说PDA（Patron－Driven Acquisition，用户驱动的图书馆采访模式）。如果某本书有三位读者点击了，我们就把它买下来。这种做法就没有问题吗?我们现在就能够设想出一些问题。如果有位读者想看这本书，从这里点一次，从那里点一次，或者找个同学帮助点一次，不说三次，就是三十次也没有问题。这位读者也许是需要这本书，也许是一时的兴趣，看看这本书现在流行，有猎奇的因素。

所以，我认为这种问题就不值得讨论。

顾晓光：北大图书馆设有专门的数字应用体验区，还有独立的苹果产品体验区。根据我的使用情况，最大的收获就是能够认识并了解众多国内外知名的平板电脑、电子阅读器产品，馆员很重视读者的体验效果，并发放了问卷。从目前的服务看，效果如何？

朱强：效果不太好。有各种原因，主要是我们提供的服务跟不上，很多应用有待开发，电子书也不多，我们自己的图书馆移动APP（应用程序）不够，这需要一个过程，体验是最初的想法。

苹果产品体验区是与苹果公司及其代理商合作，他们根据公司政策，要求放价签，我们不同意，而且我们只同意展示，不能销售，后来新闻界报道了，他们就撤出了。我们自己购置了一些设备，所以现在的体验区和他们没有任何关系了。苹果产品里面有很多的应用，很多读者并不知道，我认为应该保留这样一个体验区让大家来使用。

顾晓光：这也是对读者信息素养的一个培育。我在六月份曾经参加过在北大图书馆举行的Summon发现系统的会议，北大图书馆采用了Summon，也是国内最早应用发现系统的图书馆之一。面对几个大公司的发现系统，为什么选择Summon？

朱强：聂华写过文章，她们经过两年左右时间的调研、测试，发现几大系统各有特色，没有一个是完美的。Summon在外文资源的收录上有优势，北大建设世界一流大学，我们要为师生提供便利地利用外文文献的条件。另外，招标的时候，Summon也为我们提供了更好的条件，价格也相对低一些，所以我们就选择了Summon。

顾晓光：基于Summon系统的未名学术搜索推出后，是与传统的OPAC书刊搜索分别检索。过了一段时间，我发现未名学术搜索的检索框变大了，这是不是就是引领读者去更多地利用未名学术搜索？

朱强：通过未名学术搜索检索更方便。我们的OPAC不好用，我经常给他们提意见，这也是为什么引进Summon的原因。以前还有CALIS开发的联邦检索，但技术过时了，起不了多大作用，所以保留了一段时间后就撤掉了。因为还有一部分读者不适应Summon，所以一下子都撤掉也不合适，所以现在还保留OPAC，过了一段时间，等读者适应后，就把OPAC搜索框变小，也许以后就只剩下未名学术搜索了。

顾晓光：目前看，Summon收录的中文数据库资源不够。

朱强：这也是在一个逐步完善的过程中，也是不能一下子把OPAC去掉的原因。如果将来全部收录我们的资源，那何必保留两个搜索框呢？

顾晓光：作为一名对未名学术搜索不了解的读者来讲，他可能会认为未名学术搜索就能替代OPAC。

朱强：是的，事实上现在基本上可以替代，但还没有做到完全替代。有时，读者只想找纸本书，那么通过 OPAC 是不是更方便一些？

顾晓光：是的，我的检索习惯是这样。

朱强：所以，这也是再保留一段时间的原因。

顾晓光：说到系统，北大图书馆的移动服务利用书生公司的移动系统，目前的应用效果怎么样？

朱强：应该说并没有完全达到我们设想的效果，这有多方面的原因，其中一个很重要的原因是它的功能本身还不完备，我是希望以后读者能够通过 PC 机得到的服务都可以通过移动终端实现，这需要一个过程。

顾晓光：新世纪图书馆的发展在很大程度上是技术驱动的，大到系统和资源的变化，小到数字化的应用。您如何看待像 RFID 和 24 小时自助借还机这样的应用？我以前听您说过不打算在北大图书馆应用 RFID，您是怎么考虑这个问题的？

朱强：是的。第一，RFID 不是全能的，并非有了 RFID，磁条和条码就一无是处，而且 RFID 的应用也有一些问题；第二是投入非常大。我是比较早就关注 RFID 的，当时在深圳大学城的时候就考察过，需不需要应用 RFID，我就讲了这两方面的理由。而且，以后纸本书的收藏会越来越少，你的用处体现在何处？公共图书馆由于读者量大，在一定程度上会提高它的效率。

至于自助借还机，用磁条和条码也可以实现自助借还，并不是只有用 RFID 才可以实现。自助借还机一是花费比较大，二是需要一定的空间，像北师大图书馆新馆自助还书的时候还可以做到自动分拣，这个需要很大的空间。我觉得没有这个必要，因为借书量也是有下降的趋势。

顾晓光：我发现这类应用在高校图书馆很少应用，但在发达地区的公共图书馆越来越普及，这可能与文化部强力推广这样的应用有关系。当然，它会起到一些作用，比如普及民众对图书馆的认识。

朱强：是的，至少会吸引一些公众的好奇心，进而知道图书馆的服务。我不反对此类应用，但我不想用很多的经费放在这方面。

顾晓光：您在 2011 年承担了国家社会科学基金资助的重点项目《面向泛在信息社会的国家战略及图书馆对策研究》，请您介绍一下这个项目申请的缘由。

朱强：图书馆的终极理想是希望所有读者在任何时间、任何地点可以获得想要的任何信息和知识。怎样去实现，现在看到了希望，比如有比较成熟的技术条件，但并非有了技术条件就可以实现，因为这是一个系统工程，涉及社会的各个方面。泛在信息社会不仅是图书馆和信息机构的泛在化的问题，而且是整个信息社会泛在化的问题。一方面，信息社会泛在化怎么实现，实现后有哪些问题需要解决，这些问题在我国尚缺乏系统的考虑；另一方面，泛在化的信息社会中，图书馆会受到什么样的影响，图书馆应当做什么去适应这样的改变，这也是需要去研究的。这就是我为什么要申报这个课题的原因。

顾晓光： 这个题目很大，很宏观，也很有必要，但难度也很大。

朱强： 难度很大，我现在也很头疼，过几天我们还要开会讨论。

顾晓光： 有人说人类社会到今天，经历了3M阶段，从肌肉时代（Muscle）到经济时代（Money），再到现在的思维时代（Mind），而思维时代更加突出信息的重要性，也加剧了信息的不对称。现在的国家各方面的竞争在某种程度上是信息的竞争，希望您的课题能够得到更高一层决策者的重视。

朱强： 这取决于我们最后的成果，如果它有理有据，上面就会重视。

顾晓光： 在普遍的情况下，图书馆一般都会受到经费紧张的困扰。如何去平衡读者的需求和有限的经费？节流容易开源难，北大图书馆在开源方面做了哪些工作？

朱强： 我们现在经费非常紧张，2007年到现在，经费没有增长，每年都向学校打报告，但都是一样的结果。在这种情况下，我们还要维持。经费不增加实质上就是在减少，因为资源价格在上涨。我们还能够维持，就像你说的，来自于开源。一是40多万美元的文科专款；二是200多万的CASHL专项经费；三是赠书。我们接收的赠书是非常系统的，有些老教授将他一辈子收集的专业领域的所有资料全部捐到图书馆，这是对馆藏一个非常好的补充。有些资源可能有钱也很难买到，像一位教授会有本专业领域很多的国内外资料，还包括一些内部资料；四是分摊购买。如果院系想要买某种数据库，或者一大套价格不菲的文献，我们要求分摊经费。如果一个院系提出，我们五五分摊；如果两个院系提出，我们三三分摊。这样也可以节省一些经费；五是募捐。像今年召开馆庆国际会议，我们就募捐了 60 万；还有一些主动的捐赠，但不多。我也曾经给全馆的同仁发信，希望他们介绍他们认识的有钱人进行捐助，但目前没有什么效果。

我们主要得到的还是赠书。在设计新版主页的时候，我们会增加一个关于捐赠的专区，会列出捐赠情况，这也算是对于捐赠者的一个感谢和报答。

北大图书馆的发展受到方方面面的关注和支持，也是很多代图书馆员共同努力的结果，刚才说到捐赠，有很多素不相识的人士也给了我们一些帮助，还有与北京大学、燕京大学有关的人士的捐助，比如司徒雷登和胡适的秘书捐赠的日记等资料，我们也在整理，准备出版。正是由于这些人士的支持，北大图书馆的收藏才越来越丰富，我们也有义务把资源保管好、整理好，为社会提供好的服务。除了为北大的教学科研服务外，为社会服务也是我们的天职。

顾晓光：谢谢您抽出一个下午的时间接受访问，预祝北大图书馆 110 年馆庆国际会议等活动圆满成功。

（访谈日期：2012－09－25）

朱强简介

朱强，男，1955 年出生于江苏金坛，祖籍浙江诸暨，研究馆员。1982 年 1 月毕业于北京大学图书馆学系。1982—1989 年就职于全国高等学校图书馆工作委员会秘书处，1987 年起任副秘书长。1990—1993 年 6 月任北京大学图书馆馆长助理兼自动化部主任。1993 年起任北京大学图书馆副馆长。1994 年 8 月—1995 年 7 月，在美国伊利诺依大学东亚和太平洋研究中心做高级访问学者。2002 年 9 月—2005 年 6 月，任深圳大学城图书馆馆长。

现任北京大学图书馆馆长、中国高校人文社会科学文献中心（CASHL）管理中心主任、中国高等教育文献保障系统（CALIS）管理中心副主任、高校图书馆数字资源采购联盟（DRAA）理事长；教育部高等学校图书情报工作指导委员会副主任兼秘书长、《大学图书馆学报》主编、中国图书馆学会副理事长、首都图书馆联盟副主席。

2009—2011 年，任 IFLA 管理委员会（Governing Board）委员，2009—2013 年，任 IFLA 信息自由获取和自由表达（Committee on Free Access to Information and Freedom of Expression）委员会委员。2010—2012 年，任环太平洋数字图书馆联盟（PRDLA）指导委员会主席。

研究领域：长期从事图书馆事业现代化的建设与管理研究和实际工作，发表著、译作 70 多篇。

北京大学图书馆简介

1902 年，京师大学堂藏书楼建立，是我国最早的现代新型图书馆之一。辛亥革命后，京师大学堂藏书楼改名为北京大学图书馆。百余年来，北京大学图书馆经历了筚路蓝缕的初创时期、传播新思想的新文化运动时期、建成独立现代馆舍的发展时期、艰苦卓绝的西南联大时期、面向现代化的开放时期。如今，她已发展成为资源丰富、现代化、综合性、开放式的研究型图书馆。

一百多年来，经过几代北大图书馆人的辛勤努力，北京大学图书馆形成了宏大丰富、学科齐全、珍品荟萃的馆藏体系。到2011年底，总、分馆文献资源累积量约1，100余万册(件)。其中纸质藏书800余万册，以及近年来大量引进和自建的国内外数字资源，包括各类数据库、电子期刊、电子图书和多媒体资源约300余万册（件)。馆藏中以150万册中文古籍为世界瞩目，其中20万件5至18世纪的珍贵书籍，是中华民族的文化瑰宝，被国务院批准为首批国家重点古籍保护单位。外文善本、金石拓片、1949年前出版物的收藏均名列国内图书馆前茅，为研究家所珍视。此外，还有燕京大学学位论文、名人捐赠等特色收藏。

北京大学图书馆不仅馆藏丰富，而且群星璀璨。李大钊、章士钊、顾颉刚、袁同礼、向达等名人学者曾在图书馆工作，蔡元培、蒋梦麟、胡适等校长留下了关心图书馆发展的佳话。他们都为图书馆的发展做出了重大贡献。

多年来，北京大学图书馆得到党和国家领导人的亲切关怀，邓小平同志亲自为图书馆题写馆名“北京大学图书馆”，江泽民同志为北京大学图书馆90周年馆庆题词“几代英烈，百年书城，发扬传统，继往开来”。温家宝总理、胡锦涛主席于2005年、2008年、2010年到图书馆看望北大学子、与工作人员和读者亲切交谈。

1952年，北京大学图书馆合并了原燕京大学图书馆。2000

年，北京大学与北京医科大学合并，原北京医科大学图书馆改称北京大学医学图书馆，拥有馆舍面积10 200平方米，阅览座位1 000余个；现有藏书43万余册，以生物学、医学、卫生学和医药类为主；中外文期刊近4 000种。

北京大学图书馆馆舍历经变迁，目前的馆舍由1975年建成的西楼和1998年李嘉诚先生捐资兴建的东楼组成。2005年西楼改造工程完成，馆舍面貌焕然一新。图书馆由总馆、23个分馆、储存馆组成，总面积约85 000平方米，其中，总馆面积约53 000平方米，阅览座位4 000余个。2009年建成国内首例远程储存图书馆，面积近5 000平方米。馆舍水平的提升为图书馆面向现代化的发展奠定了坚实的基础。

北京大学图书馆的办馆宗旨是“兼收并蓄 传承文明 创新服务 和谐发展”，坚持“以研究为基础，以服务为主导”的办馆理念，以数字图书馆门户为窗口，为读者提供信息查询、书刊借阅、信息与课题咨询、馆际互借与文献传递、用户培训、教学参考资料、多媒体资源、学科馆员、软件应用支持等服务，成为北京大学教学科研中最重要的公共服务体系之一。

北京大学图书馆非常重视数字图书馆的研究和建设。2000年与校内其他单位联合成立的北京大学数字图书馆研究所开展了有关数字图书馆模式、标准规范、数据模型、关键技术、互操作层与互操作标准、数字图书馆门户等的研究，取得了一系列成果，并开始大规模应用实践，为北京大学数字图书馆的建设奠定了技术基础。

为加强学校文献资源建设的整体规划，实现文献资源的最佳利用，为教学科研提供更加个性化的服务，北京大学图书馆正在全面建设总－分馆体制下的“北京大学文献信息资源体系”，以“资源共享、服务共建、文献分藏、读者分流”为思路，在全校实现自动化系统、文献建设、读者服务、资源数字化、业务培训的统一协调，形成由总馆、学科分馆、院系分馆组成的全校文献信息资源公共服务体系。2008 年北京大学公布的“北京大学文献信息资源体系管理办法”，为加强体系建设、进一步提高全校文献信息服务水平奠定了坚实的基础。至 2011 年底，已经有 23 个院系图书馆成为分馆，北京大学文献信息资源体系已初具规模。

北京大学图书馆还努力为全国高校图书馆服务，积极参与图书馆资源共建共享，并逐步加快国际化的步伐。目前，中国高等教育文献保障系统（CALIS）的管理中心和全国文理中心、中国高校人文社会科学文献中心（CASHL）的管理中心和全国中心、高校图书馆数字资源采购联盟（DRAA）秘书处、教育部高校图书情报工作指导委员会秘书处、中国图书馆学会高校分会秘书处、《大学图书馆学报》编辑部等机构设在北京大学图书馆。北京大学图书馆作为中国高等教育文献资源共享的重要枢纽，为高校图书馆事业的发展做出了积极的贡献。

北京大学图书馆不仅以雄伟壮观的建筑跻身北京大学著名的“一塔湖图”三景，更以博大精深的丰富馆藏、深厚绵长的精神魅力吸引着无数知识的追求者。多少大师在这里读书思索，无数学子在这里徜徉书海，她见证了名师的学术辉煌，传承着北大的学术命脉，已成为北大人心中的知识圣殿。

04

台湾师范大学图书馆馆长陈昭珍女士

1915年，胡适先生在美国留学时的日记中有过这样一段话："国无海军，不足耻也；国无陆军，不足耻也！国无大学，无公共藏书楼，无博物院，无美术馆，乃可耻耳。我国人其洗此耻哉！"

文化与一个社会发展的命脉息息相关，图书馆作为文化的一种承载，其重要性已无需赘言。听从海峡对岸来京参加北大、清华图书馆馆庆活动的台湾师范大学图书馆馆长陈昭珍女士谈她的图书馆情缘，更加深了这种体会。

陈昭珍女士谈到蒋梦麟

先生的《西潮》对她的影响，让她在国中将兴趣转向了人文社会科学，并在大学与图书资讯专业结缘至今。北京大学历史上校长任职时间最长的蒋梦麟先生以“有点像自传，有点像回忆录，有点像（中国）近代史”的写作特点，通过《西潮》，透视中国一个前所未有的时代和他本人的境遇，展示了那一代学者的人本关怀和文化思考。这

些思想影响了 1949 年后的台湾年轻人，陈昭珍女士就是其中的一位。

她在台湾地区图书馆界是一位风云人物，有很多头衔，给我印象深刻的是“常常灰心，永不死心”的理想主义色彩的教授陈昭珍。

“西潮”让近代中国的“藏书楼”变成了“图书馆”，从“西潮”到“新潮”，历经了几代学人和从业者的努力，中国的图书馆有了很大的进步。在台湾地区，陈昭珍教授推动了公共图书馆的发展，特别是在统一自动化系统和空间改造上，并被同侪誉为台湾地区“公共图书馆之母”。她强调“改就是要改制度”，通过建设和改造公共图书馆，可以改变民众阅读的素质，继而改变民众的素质。

她促成了台湾地区小学图书馆设立图书教师计划，使小学生加深认识图书馆的重要性，培养他们的阅读习惯和信息素养。“让读书永远不打烊”的诚品书店是台湾的一个文化标签，她和她的同仁也在一系列的工作中践行图书馆成为台湾民众终生学习的课堂这一种文化理念。

在信息技术飞速发展的新世纪，图书馆如何在全球化浪潮中去定义自己本地化的未来也是她作为馆长所关注的一项重要课题。她在台湾师范大学图书馆推行全面品质管理，用企业管理的方式来经营图书馆，形成了图书馆特有的组织文化氛围；并且通过出版和礼品经营等非传统图书馆的文化创意工作来打

造台湾师范大学的品牌，使图书馆成为大学的知识典藏中心和文化中心。

她在思考数字时代大学图书馆的转型和定位，这也在台湾师范大学图书馆的中长期计划中得以体现：C－space、D－collection 和 U－services 三个主要的发展使命和愿景。

数字环境下，本地化的发展非闭门造车，馆际合作乃必晓之理、必至之事。她在担任众多职位中，直接主导和参与了台湾地区大学图书馆间的一系列合作，包括联合抵制某国际大型出版商的高涨幅、联合采购学术电子书等。

结束访问后，我们一起用餐。我向她请教台湾地区的社会、文化、教育等方面的问题。这时候，自言个性比较浪漫的她畅所欲言，她的文化情怀、不尽之思让我受益良多。

北京大学、清华大学和南开大学在 1937 年日本侵华期间联合成立了长沙临时大学，蒋梦麟先生在《西潮》中谈到这段时期："虽然设备简陋，学校大致还差强人意，师生精神极佳，图书馆图书虽然有限，阅览室却经常座无虚席。"中国近代丧权辱国的根源非来自于"国无海军"，"国无陆军"，而"这些事件震破了中国人相信自己的古老文明的优越感（冯友兰先生语）"。国之万幸在于一大批学人坚守一个民族的文化传承和吐故纳新的文化理念，近代图书馆的藏书影响了他们，他们的思想也保存在图书馆中，这些通过像陈昭珍女士一样的图书馆员得以交流，泽被后世，荫蔽后人。

顾晓光：首先感谢您 2010 年接受我的约稿，为《数字图书馆论坛》撰写《台湾地区大学图书馆电子书使用现况调查》（注：2011 年第五期）。我对于您的了解基本上是通过学术文章，但您本人不仅是一位学者，还是台湾师范大学图书馆（以下简称"师大"）的当家人，并且曾经担任过"中华民国

图书馆学会”秘书长、理事长和“中华图书信息馆际合作协会”理事长等职位，请您先谈谈自己的图书馆经历。

陈昭珍：从自己的人生规划来看，我应该不会进入图书资讯这个领域。在国中时，我很喜欢物理和数学，但由于看了一些书后，我的兴趣转向了人文社会科学，比如蒋梦麟的《西潮》，他谈到中国受到西方文化、科技、社会的冲击，对中国的环境相当的悲愤，自己也希望改变这个社会。同时我非常喜欢文学，也希望成为一名文学家。报考大学时，我更希望读文史哲专业。我喜欢思想性的东西，国中的时候也看过尼采、叔本华的著作。与图书资讯专业结缘后，我发现这个专业有个好处，有机会博览群书，在查找资料方面也有优势，所以对于专业学习也越来越有兴趣了。由于我喜欢历史，所以选择做版本研究，我请台北故宫博物院副院长昌彼得教授做我的指导老师，他也是版本学专家。出版是一个时代文化的体现，我觉得比较有意思，当时我研究的是明朝出版史。

在念硕士的时候，我去了台湾大学图书馆工作。在台大图书馆先做馆长秘书，这是我图书馆职业生涯的开始。这使我可以看到整个图书馆全面的规划，比如台大图书馆新馆的项目：我们一共做了十三版的手稿，我从第一版的手稿就开始参与了，馆长还派我一个人去国外考察了一个月，另外还邀请了一位海外的图书馆建筑专家做顾问。

做了一些工作后，我对图书馆这份职业越来越有兴趣，感觉这是一项对社会很有用的事情。我还做过参考服务，但最没有想到的是做了编目工作。在我硕士毕业后一年，馆长让我做编目组主任。之前没有做过编目，让我一下子做 50 人编目组的主任，而且当时我只有 25 岁，这对我来说是一个非常大的挑战。我是我们台大硕士班同学中第一个做图书馆主任的，我很感谢陈馆长给我这个机会，我想我唯一的长处大概就是认真吧，还有我和大家协调的能力还不错。同事们都非常好，也没有给我压力，大家相处融洽。当时我们还没有使用自动化系统，先开始与 OCLC 合作，进行回溯编目。我建立了一些制度，使编目走向一个标准化的操作。

这些工作很有意思，有一次，我在看一本文献学的书，有位读者进来问我问题，正巧答案就在我正在看的这本书上。这就告诉我，平时你要多准备，到时就会派上用场了。

在这之前，我认为我个性是比较浪漫的，喜欢文史哲，喜欢思考，绝对不是编目。但编目工作让我有所改变，需要严谨工作。而且由于编目工作，我对图书馆的系统也非常清楚了。

顾晓光：您在台大图书馆工作了多长时间？

陈昭珍：大概十年，前五年做馆员，后五年做主任。有一天，我觉得自己枯干了，所做的贡献也到顶了，就想到去读博士，再探求学术的殿堂是否隐藏着人生的真理，“为学日增，为道日损”。那时，在台大读博士必须辞掉工作，全职读两年的时间，然后做论文。馆长不希望我念博士，通过各种方式希望我留下，还说我要离开的话，台大图书馆就要倒了，当然他是言重了，后来还希望校长要系里改变必须辞职读博的规定。由于馆长一再要求校长改变规定，让我边工作边读博士，孙震校长也没有见过一个主管这样去留人的做法，就接见了我。我便对校长说我自己的想法，我很感谢馆长对我是这么的器重，他扶持后进，给我们机会。可能由于太累了，他 60 岁时就过世了。我也很过意不去，如果当时不去读博士，大家都多帮他一点，也许他也不会英年早逝。

顾晓光：念博士这两年的收获很大吧。

陈昭珍：所上规定念博士至少有两年要全职读书，这个要求太棒了。我觉得要脱胎换骨地读书，一定要专心的，像图书馆哲学这门课，一个学期读了 9 本西文书，还要做报告，所以等于翻译了九本图书馆哲学的书，收获很大。

读博士班第三年我就去辅仁大学教书了，我总共花了四年半的时间拿到博士学位。

在辅仁大学教了四年，主要教授分类、编目、自动化等课程，我喜欢和年轻人在一起。后来转师大教书。在师大一年后，台湾的“国家图书馆”又借调我过去工作。

当老师和当馆员最大的不同是，当老师除了教书之外，你会关心整个图书馆事业的发展。我在辅仁的时候，开始参与政府关于公共图书馆的一些计划，比如台湾省公共图书馆自动化及网路化（注：网络化）咨询委员会，除了担任委员外，我也任执行秘书。我们很主动地向省政府提我们的想法：我们的公共图书馆如何去发展、需要经费的支持等等。

顾晓光：那时你们都做了哪些基础的工作？

陈昭珍：有几件事。第一是公共图书馆自动化系统，做到乡镇图书馆与县图书馆使用同一套系统，并通过网路联机在一起。

顾晓光：是不是就是一个总分馆的体系？

陈昭珍：对。

顾晓光：那是什么时候？只普及到县一级吗？

陈昭珍：1996年。是的，比如高雄，它有三十几个乡镇，有些乡镇有好几个馆，透过这个原则，全部联机在一起，使用一个集中的系统。这项工作大约花了十年的时间。在不同的地方向政府要经费，我到“国家图书馆”后，又帮他们要到了第二批的经费。

第二是关于整个台湾地区公共图书馆的空间改善计划。“九·二一地震”后，灾区的公共图书馆需要重建，当时“文化建设委员会”（注：以下简称“文建会”）的吴副主委是我的好朋友，相当于现在的“文化部副部长”，问我重建的经费怎么样能够得到更好地利用。我就建议他不要平均化的分配，让图书馆自己来提计划。另外，我还提出让公共图书馆诚品化的概念。

顾晓光：就是像诚品书店那样的？这是很多读书人喜欢的地方，在敦化还有一家24小时营业的店。

陈昭珍：对。我们很多公共图书馆都是上世纪七十年代盖的，看起来不吸引人，没有现代化阅读的氛围。我就把新加坡公共图书馆的经验与大家分享：新加坡公共图书馆的同行来台湾参观诚品，感觉氛围那么好，他们就想把诚品书店也引进到新加坡来。虽然由于运营等原因，诚品没有到新加坡开店，但新加坡政府把公共图书馆全部诚品化了。

为此，我们开了很多次的会议，希望各乡镇图书馆提计划。他们也希望改，但是施政的理念要改，如果光将钱给他们，花掉了，品质不见得提升。一定要有不一样的眼光和角度，我们为此一起沟通过多次。

我们先开始“金点子”计划，涵盖八个公共图书馆，结果非常成功。像埔里图书馆，台湾非常有名的乡镇图书馆，五层楼，一天有1，000位左右的读者，那边有很多文人和艺术家。埔里非常漂亮，埔里人称之为“台湾之心”，因为它在台湾的中心位置。

虽然很成功，但是只有八个图书馆。2003年，副主委让我帮他们写了一个大计划，进行整个台湾地区的公共图书馆空间改善，结果向政府要到了15.5亿新台币。因为有之前的成功范例，一定要找建筑师好好设计、规划，要有很好的阅读氛围，这样台湾的公共图书馆就完全改观了。你可以想象，在一个美丽的乡下，有一个非常漂亮的图书馆，就像是一个精神堡垒。

顾晓光： 图书馆外表对于读者感官的刺激很重要。

陈昭珍： 是很重要。对于图书馆来讲，绝对不只是数位（注：数字）图书馆就可以了，建筑空间是非常重要的。

顾晓光： 在北京的怀柔区交界河村有一个篱苑图书馆，它是清华大学建筑学院教授李晓东先生设计的。这个公益图书馆更像是一个艺术作品，依山傍水，钢架结构，全玻璃外窗，建筑的四周以几万根的柴火棒环绕，既可以透光，也避免强光的暴晒。内部宽大的空间和错落有致的台阶设计更是让人赏心悦目。现在它成了很多城里人旅游的好去处。

陈昭珍： 第一期的15.5亿新台币只进行了300多家图书馆的改善。2007年，我们又进行了阅读植耕计划，这也是第二期的空间改善计划。

第三件事情是关于今年刚刚开放的“国立”台中图书馆（注：以下简称“台中馆”）的新馆，这是根据我为文建会写的计划完成的。

顾晓光： 我虽然没有去过这个新馆，但是从网上看到还是很喜欢，尤其是那面信息墙。

陈昭珍： 这个新馆花了20亿新台币。我写计划时，对它的定位是“国家”数位公共图书馆。为什么要加上数位，这样可以打动政府官员，让他们认为我们在做一件不一样的事情。等审批和经费下来，政府找来建筑界、资讯界和图资界的人来讨论什么是数位图书馆，当时资讯界的人说既然是数位图书馆，只要几台服务器就好了，而建筑界的人只懂建筑，对数位图书馆没概念，所以他们就委托我为这个图书馆做一个定位，并规划未来的运营方向。

在这个研究中，我们为以REAL作为台中馆的发展定位及方向。“REAL”，是Reading（阅读与分享）、Exploration（探索）、recreAtion（休闲）、Learning（终身学习）的简称。它是超越实体与虚拟的层次，通过“REAL”可以了解为何需要公共图书馆，也可以说明为什么除了数位资源及数位服务，更需要实体的图书馆。对当地的民众而言，实体尤其重要，环境是可以塑造人的。台中馆新馆一开馆，每天读者超过10 000人次，这奠定了一个很不一样的公共图书馆走向。我们要多元学习，还要照顾不同的人群，比如外劳、外籍新娘，也有老年人、儿童和青少年的学习区，还有数位影音区、数位艺术创作区。总之，台中馆就是根据我们团队的一个研究计划一起设计完成的。

这就是我参与公共图书馆改变的一些事情。我觉得一个国家和地区要有好的公共图书馆，它可以改变民众阅读的素质，继而改变民众的素质，这件事情对整个社会很重要，很有意义。我有一句名言，很多同道都知道的："常常灰心，永不死心"。因为理想和现实总是存在差距，虽然我碰到的政府官员都很棒，但还是有无可奈何的时候。比如组织的改变剧烈，以前台湾省政府主管公共图书馆，后来改为文建会主管，再后来改为"文化部"主管，又改为"教育部"主管；此外，还得说服乡镇长，而他们是选举出来的最低阶层的政府官员，要改变他们的想法需要费很大的工夫。所以我用"常常灰心，永不死心"与公共图书馆的同道共勉。图书馆界常开玩笑说我是公共图书馆之母，其实有些事只是因缘际会罢了。

顾晓光：这是对您很高的赞赏。

陈昭珍：可能是因为我曾为他们争取了很多的经费。

顾晓光：而且是变革式的。

陈昭珍：是的，改就是要改制度。我现在唯一还没有做到的，当然也不太容易的是，我希望乡镇图书馆的馆员归县市图书馆去管理，并使用专业人员。这样才能使得公共图书馆真正的专业化。台湾有五都：台北、高雄、新北、台南、台中，相当于直辖市。这五个地区除了台南还没有完成，其他地区都已经是真正的总分馆体系。

顾晓光：也就是除了台北、高雄、新北和台中外，全台湾其他地区的公共图书馆并没有从人员上做到您希望的总分馆体系。您是希望台湾地区所有公共图书馆都能够做到馆员由上一级图书馆直接管理，毕竟自动化系统已经是统一了。

陈昭珍：对。现在上一级图书馆对乡镇图书馆有辅导的职能，沟通上没有问题，但没有行政的权力。

我也找了《远见》杂志来评鉴县市图书馆的工作，这也是评价县市长的政绩之一，所以县市长很在意。图书馆不能光是我们图资界的人士在操心。

顾晓光：我对评鉴的细则和评估后改善的效果比较感兴趣，请您做一个介绍。

陈昭珍：我觉得评鉴是非常有效的，《远见》杂志是做各县市教育力、领导力的评鉴，《天下》杂志也做。在公共图书馆做阅读力的评鉴，主要有读者量、藏书量、办证量、活动量、新书量等很多指标。他们一两年就做一次，每次需要100多万新台币的投入。

顾晓光：数据从哪里来？这100多万从哪里来？

陈昭珍：从文化局和各图书馆要数据。经费是出版社他们自己出，或拉赞助，但不是政府的钱。

顾晓光：效果怎么样？

陈昭珍：我举个例子。去年台南市被记者报道政府购书费分配到市民身上，每个人买不到一个卤蛋。

顾晓光：这个对比太强烈了。

陈昭珍：很强烈，台南市长震怒了，他们在检讨问题在哪里。我最近在《商业周刊》上看到台南市长赖清德讲他怎么重视阅读，其中他提到一点：现在平均每个人的购书费提高到20元新台币，虽然也不算多，但毕竟是提高了。这是一个例子，而且以前不重视阅读的图书馆，经过评鉴，都跑到前面来了。像苗栗、彰化、高雄等地方，县市长非常重视阅读，都投入了非常多的钱，还盖了很多新馆。以前是给钱进行空间改善，现在是拨款盖新馆，像新北、高雄两个市都盖了新的总馆。

顾晓光：这个评鉴对地方政府来说很紧张，会让他们很没有面子。

陈昭珍：很紧张，因为他们都是选举上来的，害怕民众说他们工作差，我们就是要达到这样的效果。我对公共图书馆部分的帮忙大概就是这样，自己觉得对公共图书馆事业尽力了，没有太大的遗憾。

顾晓光：那除了公共图书馆外，您还做了哪些推动的工作？

陈昭珍：小学图书馆。台湾喊了几十年的Teacher Librarian（图书馆教师），但不知道从哪儿开始去进行，让它成真。这件事我也是直接游说政府官员才开始有眉目的。

顾晓光：您是以什么身份去？

陈昭珍：我以图书馆界教授以及“图书馆学会”理事长的身份。我在2009年拜访了“教育部国教司司长”，向他讲阅读的重要性。他也知道阅读很重要，因为台湾在2006年参加了PIRLS（注：Progress in International Reading Literacy Study，国际阅读素养进展研究项目，以小学三、四年级的学生作为测试对象）评鉴，结果阅读排在第22名，“教育部”很紧张，也不知道该怎么做。

我就向他们提出从制度面改变，设立图书教师这件事情。政府官员从来没有听说过图书教师这个概念，台湾教改后虽然不是使用统一教材，但也是按照某种版本的教科书来教学。而美国是老师自己编写教材，他们对图书馆的需求是很大的，一个学校的图书馆应该是支援老师的教学、学生的学习和培养学生阅读的习惯。我们很清楚这个理念，但政府官员并不了解。所以我们要去说服他们。

我一直都是主动出击，去和政府官员打交道，不管是公共图书馆的改革，还是小学图书馆图书教师的设立。政府官员需要政绩，我们要推动理想。我安排一些政府官员和媒体界的朋友去参观改造过的乡镇图书馆。看完后，他们很感动。馆员们平常都非常认真，办了很多阅读的活动，使图书馆成为了在地（注：本地）的文化中心。这让政府官员看到了公共图书馆的认真经营，虽然政府官员在国外读书时也看到了国外的好，但如何做起，他们也不是很清楚。通过这些考察，他们更加认识到图书馆对于阅读的重要性，所以，从2009年，我们开始实行小学的“图书教师制度”。

台湾有2 000多所小学，每个学校增加一名人员专门做图书教师也是不可能，于是学校挪出一点经费，申请图书教师的名额，这位图书教师可以减少平时的教学工作量，图书教师会接受我们安排的专业受训。

顾晓光：现在有多少小学有图书教师了？

陈昭珍：2009 年，有 51 个；2010 年，有 112 个；2011 年，有 170 个；2012 年，有 243 个；2013 年会有 369 个。大家反映非常好，越来越多的人认识到图书教师的重要性。我们要求学校重视阅读，不给人不给经费，请问要求他们用什么重视阅读？不能用口号治校，也不能口号治国啊，“口惠而实不至”嘛。阅读这件事情必须从制度面改变。我今年带了 30 位图书教师到香港用四天时间参观了七个学校，看看香港的图书教师如何教学和开展工作。我希望每个学校都有一名图书教师，这也要看台湾的经济状况，如果经济不好，进行全面普及也很难。

顾晓光：我在优酷视频网上看到了您关于阅读技能和阅读指导策略的讲座。

陈昭珍：我们有一个全国图书馆教师辅导团，除了培训外，还有编写培训手册和你说的讲座，这是优酷网主动跟我们要的。我们的资料都是免费的。阅读并不只是看书，还要有理解能力的培养，这也是我们着重对图书教师训练的地方。

顾晓光：你们对于图书教师最低的要求是什么？他们的工作能够达到什么样的层次？

陈昭珍：图书教师一定是老师，基本上相当于图书馆的馆长。他要负责自己学校阅读推动的规划，比如全校性的阅读如何规划，班级每天十分钟的晨读如何进行，如何提高学生的阅读量、阅读素养，如何让图书馆的服务更加贴近学生等等。

顾晓光：阅读对于孩子来说是非常重要的。小学是开始识字的阶段，已经从绘本过渡到文字。人类文明的历史也是文字的历史，怎么去推广都不过分。首先要培养孩子阅读的兴趣，大陆主要还是应试教育，很多孩子为了应付作业，已经失去了阅读和学习的兴趣，这是很可怕的。

陈昭珍：培养阅读的兴趣是我们最强调的。

顾晓光：台湾小学的课业重吗？

陈昭珍：我觉得还好。比如我的小孩念小学的时候是快乐的。现在台湾要实行十二年的"国教"，高中也不需要考了，这样他们在国中也能够更加快乐了，没有升高中的压力。

另外，我们为什么要强调多元化的教学，要在阅读和信息素养上有批判的精神。我们今年也要进行国中图书教师的计划。本来国中没有图书教师，因为国中三年是为了上一个好的高中，其实有些压抑，但是十二年"国教"后，国中的学生会松一口气，老师也可以进行一种正常化的教学。

顾晓光：高中的图书馆呢？

陈昭珍：高中的图书馆已经很不错了。大陆高中的图书馆怎么样？

顾晓光：现在的高中图书馆我不了解，但我在1990年代读高中时，没有学校图书馆这个概念。

陈昭珍：为什么在亚洲国家念图资专业没有那么重要，因为从小到大没有图书馆这个环境。

2007 年，我办了一个 IASL（International Association of School Librarianship，国际学校图书馆事业学会）研讨会，和高中图书馆的同仁有很紧密的联系。我们有高中图书馆辅导团，也有培训手册。

顾晓光：现在在小学生推广阅读这个概念，阅读是读书还是使用各种媒体？

陈昭珍：各种媒体。

顾晓光：阅读是无处不在的。现在有个争论，像 iPad、eInk、电脑等网络化阅读有碎片化信息的特点，会影响甚至改变人们的思维和看问题的方式。在小学阶段的阅读和成人阶段的阅读有没有一个特别的区分？

陈昭珍：我最近看到美国的一个报道，他们对年轻人有一个调查，并非我们想象的这样。年轻人虽然会看碎片化的信息，但是也会看很多长篇的文章或书。在台湾，我们鼓励小学生：一是阅读量要大，二是要有阅读的技巧，三是要有对阅读的体验，不仅仅是看内容。像康轩是一个很好的私立小学，毕业旅行是爬玉山。爬山之前，会有一个相关的书展，让学生对玉山有一个了解，爬山回来后，会有一个报告。从静态的阅读到动态的阅读，再回到静态的阅读。

顾晓光：阅读是与你每时每刻都有关系的一个活动，融入到你的生活中。

陈昭珍：没错。

顾晓光：小学生的阅读中，家长能够起到什么样的作用？

陈昭珍：我们鼓励亲子阅读，所以我们办了一系列的活动，像“Book Start”（阅读起步走）的活动。现在台湾小孩出生后，政府会送一个福袋，里面会有两三本书。上小学时，也会送三本书，这就是鼓励家长亲子阅读。“阅读起步走”还鼓励家长带孩子到公共图书馆。

顾晓光：在很多国家和地区M型的阅读社会群体特点明显，阅读的主体是老人和儿童，我们公共图书馆对于儿童阅读有没有特别的考量？

陈昭珍：几乎每一个乡镇图书馆最重要的地方就是儿童阅览区，他们会举办很多讲故事的活动，也有亲子阅读活动。学龄前的阅读还是家庭为主，也可以通过“阅读起步走”去公共图书馆。小学后主要依靠小学图书馆，也会有一些活动，然后让小学生把图书带回家，他们把故事讲给爸爸妈妈听，爸爸妈妈也讲给他们听。或者把自己的书带到学校来，班上有一个小书架，与其他同学一起分享。这些也是图书教师需要规划的事情。

顾晓光：现在在大陆大城市生活的家长也比较关注孩

子的阅读，中国本身就有重视教育的传统，现在经济条件越来越好，在这方面的投入也越来越大。但也有一些问题，举个例子，我问过几个搬家工人，他们在帮北京人搬家的时候，发现北京人家里的书多不多，得到的答案是不多。他们最怕是给藏书众多的大学老师搬家，因为书很沉。在中国的文化中心，大家的藏书量并不大，阅读量也就可想而知了。如果大人没有那么多的藏书和阅读的习惯，怎么给孩子去创造一个阅读的氛围？

陈昭珍：对，所以父母要以身作则。台湾有很多的基金会都投入到阅读这个领域，这是他们推广阅读的声音。像佛光山的星云法师，他在阅读方面投入了很多，明年要买46辆流动书车。每一辆车就是一个移动图书馆，可以将车开到乡镇图书馆难以覆盖到的村子里。

顾晓光：大陆有一个全国文化信息资源共享工程，是一项很重要的文化工程，该工程的覆盖面可以到村。相关的工作人员做了很多努力，但是基层的百姓好像更喜欢非图书化的娱乐方面的文化消费，比如电视。在阅读方面，深入的程度还是不够。

大陆的公共图书馆在新世纪发展很快，特别是东部沿海地区，他们有很多的财力和很好的管理者，现代图书馆的理念也越来越深入，其中有一个创新性的服务方式就是24小时自助借还机，也就是我们俗称的ATM机。台湾在ATM机的应用和态度是什么样子？

陈昭珍：我们馆有一部，也是台湾唯一一家大学图书馆使用的ATM机，台北、台中、高雄有好几部，公共图书馆比较多。

顾晓光：你们购买的初衷是什么？

陈昭珍：去年上级要求我们图书馆去经营一个古迹，文荟厅，是日据时代盖的，我们花了很多钱进行整修。我就将它做了一个定位，让它成为一个展现学生自由和自治的地方，学生自己管自己，不需要太多行政的管理。在文荟厅，学生可以看书、讨论、发呆，还会有一些表演和演讲活动，像一个沙龙。

顾晓光：信息共享空间。

陈昭珍：对，但它又不在图书馆里面，是一个单独的建筑。除了一些杂志外，资源都是线上的。我们在挑选座椅的时候也是精挑细选，既符合建筑的特色，也要舒服。还有一个礼品店，同时提供一个轻食的服务，包括饮料。另外就是买了一部 ATM 机。我觉得经营得非常棒，达到了我们的预期，也是学生最爱去的地方。

顾晓光：这是现代图书馆服务的一个很好补充。ATM 机应用的情况如何？

陈昭珍：很不错。我们会摆上最新的比较大众化的图书，不是学术性的图书。我们每天都会去换书，流通量不错。

顾晓光：在大陆，ATM 机的使用有一些争议。它的好处还是比较明显的，但是对它的非议可以用一位学者的一篇文章的观点来表明："1. 用最先进的技术，做最落后的事情；2. 用最聪明的技术，做最愚蠢的事情；3. 用最烧钱的代价，做昙花一现的面子工程。"这个观点很有代表性，是用几十万人民币购买一台只能装几百本书的ATM机，还是将这笔钱投入到更加惠民的措施中去，显然ATM机投入产出比不相配。

陈昭珍：这就要看我们的出发点是什么。台湾的公共图书馆把它摆在火车站、机场、捷运站这些没有图书馆的地方，但又是人潮流动的地方。台北市立图书馆还做了几个无人图书馆，馆员只做图书的管理，不直接服务用户。这是在补不足，我觉得人看书，有时是一时兴起，图书馆覆盖不到的地方，有这样的需求。这也要看理念，把合适的东西摆在合适的地方。

顾晓光：网络化的冲击，使图书馆空间意义显得越来越重要。图书馆员作为信息的重要传播者，如何使读者越来越依赖他们？您作为师大的馆长，工作的重心在哪里？

陈昭珍：我觉得我们的读者越来越依赖图书馆员，我也看到北大、清华的图书馆员做了很多的工作，让读者看到图书馆员的重要性。我从2008年开始做师大的馆长，做了几年事情：1. 只要系统能够做的事情就不要人来做。我们以前做不到的，现在系统也能够帮助完成。比如我们有三个校区，读者可以在任何一个校区借还其他校区的书。读者肯定会有抱怨，你不处理，他们可以抱怨到"总统府"去。只要是合理的抱怨，我觉得是很珍贵的。我们在网上让读者发表对我们的看法，然后我们的主管会在第一时间收到相关的反馈，立即改善抱怨的地方。系统可以帮我们做很多事情，让服务全面自动化。2. 推动全面品质管理（Total Quality Management，TQM）。我把很多管理学的方法用到图书馆的管理中来。第一期，我带领大家进行大规模的流程改造。等第一期标准都建立好后，在第二期中，我们用 PDCA（Plan – Do – Check – Act，计划—执行—检查—处理）。PDCA 一个很重要的精神是每一个人都是创意的发明者，每一个人都是流程的改造者，不是等主管告诉你怎么改造，你们自己可以组成一个品管圈。我就是提供这样一个制度，还有比赛。我这几年主要做的就是 TQM，让整个组织文化改变。同时，我还争取了很多经费用于馆藏，师生能够感受到图书馆的改变，感受到我们的优质服务。我经常收到来自读者的表扬信。我们现在不仅是一个图书馆，也是学校的文化中心。

我们还做学校的校史工作，融合在学校的整体工作中，让学校觉得图书馆很重要。我们推出师大大师，举办师大大师展览，我们馆员的素质不错，但我觉得还要让他们的工作更精致化，像学科馆员的推动、学科网的整理。图书馆的资源太多了，各领域的研究者只需要看自己学科的资源就够了，要更专门化。

另外，师大的出版社就在图书馆，出版社除了出版，还有学术图书代送审查的职能。期刊有同侪评审，图书由于没有审查，出版很自由，这需要图书馆通过外审来评价专著的水平。

过去图书馆不生产资源，只是购买，现在我们做出版就是要把图书馆拉到知识的前端，我们拥有机构典藏，全部 OPEN ACCESS，师大也是台湾地区第一家宣布自己资源 OPEN ACCESS 的高校，包括自己出版的期刊、博硕士论文等。这需要说服校长、各院系的老师，我认为 OPEN ACCESS 对学术传播太重要了。你让人家越容易找到你的资源，你的资源被引用的机会就越多。所以，建自己的机构典藏很重要。

顾晓光：有 DRM 保护吗？

陈昭珍：没有，资源是 PDF 格式的。我们除了做出版、机构典藏外，还做 OCW（Open Course Ware，开放式课程）。我们经过老师授权免费开放，除了还有一些大师级的讲座外，一个学期我们会拍摄超过 30 门课程。

现代的图书馆已经不再是一个单纯意义上的图书馆。传统的图书馆方面，我们做到资源尽量数位化，服务尽量自动化；同时还要定位在知识典藏中心和文化中心，只要和学校相关的知识，我们都要典藏；图书馆也要发展文化创意，要体现出学校文化氛围的特点。

顾晓光：您这个理念正好应了这句话：图书馆是大学的心脏。

陈昭珍：对。我们还负责师大的礼品经营，自负盈亏。我们并非为了礼品而礼品，主要是为了把师大的品牌打出来，做的是文化创意产业一条龙的事情。我们白手起家，从向学校借 400 万新台币开始做，到现在已有盈余、小有名气，媒体报道过多次，很多学校前来取经。

我在“数位典藏国家计划”时就是负责数位典藏加值应用，还带厂商到美国参加由梦工厂、迪斯尼、丰田等大公司参与的全球授权展，所以对于品牌增值还是有眼光的。

师大图书馆还做学校的“艺术银行”。师大美术学系在台湾排名第一，系里前三名的学生会留下他们毕业展的画作，老师也会将一些画作交给图书馆，现在他们有两千多幅画交由图书馆典藏。学校会盖一个美术馆，在美术馆开放前，这些画作会留在图书馆。

顾晓光：现在你们学科馆员在图书馆的位置是什么样子？

陈昭珍：我觉得还没有做得很好。我们馆员素质还不错，拥有硕士学位的馆员占很大部分，专业背景也比较广。学科服务需要一步一步做，第一步在网站上公告各学科的学科馆员，每年他们都会到各院系做介绍；第二步需要制作学科资源的网站，馆员一定要知道目前的研究情况，学科资源的网站像一个个系馆，里面整理的资源第一个就是各院系的 Knowledge Map（知识地图），研究者可以把它当成查询馆藏的关键词，直接链接到 OPAC 上。我是希望建一个 Ontology，但馆员还搞不清楚什么是 Ontology；第二个是我们整理了各院系出版的期刊和购买的期刊以及全校图书馆所有期刊，包括影响因子的排序；第三个是自己专业经常用的电子资料库（注：数据库）是哪些；第四个是老师授课大纲中指定的参考书目，我认为这也是核心馆藏；第五个就是网路上与学科相关的主题网站推荐。

通过学科资源的网站，也训练了我们的馆员，了解了各院系的研究情况。有时，我们也请院系的老师来做介绍。做得不好的地方，老师和学生也会提出来，我们再改进。

今年，我们还做了邀请老师参与的读书会，帮老师整理课程的资源网。

顾晓光：您心目中的学科馆员能够达到什么程度？

陈昭珍：他能够提升老师的信息素养，现在有些馆员与专业教授在一起时怕怕的，要了解老师不足的地方，要有信心。还要能够协助老师写计划，购买计划中所需的图书和本院系内所缺的重要资源。我们的学科馆员还办了很多活动，他们也是参考馆员、推广馆员，已经够忙了，我不能太苛求他们。

顾晓光：学科馆员岗位的应用在高校越来越广泛，如何让教授们重视起来，还需要我们走很长的路。我也同意您所讲的教授的信息素养并非都很高，希望教授通过馆员提供的视角，会使自己的研究更进一步。

陈昭珍：我们馆里也有专业的读书会，每个月会读几篇专业的西文文章，馆员要有报告。与其教他们如何发展，不如让他们自己来做。我虽然在外面有很多讲座，但在馆里我很少讲。为什么做TQM，就是让他们自己来检讨自己的流程，让他们自己来承受服务的压力，这都是在管理方面的策略，让每一个馆员能够负责到自己范围内的事情和发挥他们的潜能。我能做的是尽量让他们上课、出国，还有提供升迁和奖金等措施。

顾晓光：如何让学校知道你们付出那么多努力的价值呢？

陈昭珍：除了口碑以外，我们还做了BSC（Balance Score Card，平衡计分卡），用来绩效评量，它有四个面向：财务构面，我通过参与各种计划帮学校争取了一些经费，所以我们的经费比较充足；外部顾客构面，关于读者的统计数据；内部流程构面，来做自己的内部管理；学习和成长构面，有多少人进修。第二个是 ROI（Return On Investment，投资报酬率），每一年都会做，对比去年的 ROI，今年的情况如何，我都会告诉我们的校长。

顾晓光： 你们是借用企业管理的方式来经营图书馆。我以前看过一本关于这方面的书（注：Measuring Your Library's Value：How to Do a Cost – Benef it Analysis for Your Public Library，美国图书馆协会 2007 年出版），美国很多图书馆的回报率约是 1:4。

陈昭珍： 大英图书馆做了一次，大约就是 1:4，我们也帮台北市立图书馆做过一次，这是我学生的硕士论文，差不多是 1:6。由于高校馆与公共馆的资源不一样，我们今年的投资报酬率是 1:16。

顾晓光： 相当高了。

陈昭珍： 当你拿出严谨的数据，学校就没有什么话可以讲了。我主动向校长报告，校长让一级主管们听我们做的工作。现在学校也全面采用了 BSC。我们还做了一个全面的满意度调查，分为馆员构面、资源构面、环境构面和服务构面等四个构面。满意度调查很详细，比如读者的期望在哪里，最低忍受的程度在哪里，如果我们做得比最低忍受的程度还要低，说明我们做得很不好了。如果在中间偏上，说明还不错。还有服务指标，读者是否知道此项服务，是否认为此项服务重要，我们推出的各项服务是在象限的什么位置。如果读者既不知道也不需要某项服务，我们就要做检讨。

我通过管理学的方法来推动，要改变必须从制度面来进行，如果只是多办一些活动，完成后，它不会留根的。

顾晓光： 是的。还有如果一个人离开这个岗位，由于有制度的保障，运行也会比较顺畅。您刚才说经费比较充足，我感觉经费紧张对于大陆很多大学图书馆都是很现实的问题。

陈昭珍： 如果整个学校经费不增加，图书馆也不可能增加。我们图书馆几乎每一年经费都有增加，还有额外的专项经费，比如机构典藏库。同时，我也将学校期刊经费部分集中回图书馆，以因应期刊电子绑纸本，或数据库绑单本期刊的花费，这也花了很多力气说服各院系，所以现在不太担心经费的问题了。校方很信任我们，认为我们会认真使用每一分经费，而且会用到最好。很感谢我们的校长。

顾晓光： 这也是对您作为馆长的信赖。

陈昭珍： 我们也会向“教育部”申请经费，五年前，“台湾学术电子书联盟”成立，目前有97个大学参加，师大具体负责，我是主持人，“教育部”每年补助一亿多新台币，每个大学要缴五万美金，科技大学缴两万美金，这样总共有两亿多新台币来买电子书。我们馆开发了一个选书系统，让各校各系的老师来选书，我们来决定买哪些书。

顾晓光： 每个大小不一的图书馆缴纳一样的费用，是不是对于小馆会吃亏？他们的使用量毕竟相对要少一些。

陈昭珍： 不会，因为我们的电子书是买断的，大馆和小馆都能够永久拥有和保存这些电子书。

顾晓光：这些电子书主要是哪些出版社的？

陈昭珍：大部分是西文书，而且都是大的出版社，像 Springer、Elsevier、OVID、Cambridge、Oxford 等。

顾晓光：能够永久保存这些大出版社的电子书真是一件好事情，因为大的出版商并没有大规模地开展这种商业模式。前几天，我看到一个业界的消息：兰登书屋授权图书馆拥有它的电子书，而不是一个使用许可（Own，not license），这在美国也引起了一些讨论。从这个例子看，在美国也很难做到图书馆永久拥有和保存电子书。为什么大的出版商会在台湾推出这项模式呢？

陈昭珍：是的，我们这种采购形式在全世界都是少见的。一是联盟的力量，对于出版商来说，以前一本书可能只有 10 个馆购买，现在已经是 97 个馆购买，也不增加多少成本；二是台湾地区阅读的主流是中文，西文的受众比较少。其实很多地方也有类似的联盟，但像台湾这种购买方式还是比较少。

顾晓光：大陆的 CALIS 也有类似的联盟采购。

陈昭珍：Elsevier 还推出了 PDA 模式，明年台湾有个厂商也要用这种模式，我是希望越多越好。

顾晓光：像 PDA 这种先阅读后付费的模式，出版商还比较谨慎。

陈昭珍：对，而且面对整个联盟，他们会更谨慎。Elsevier 的 PDA 模式，台湾是全球第一家。所以我们现在针对 Elsevier 有两种方式的购买，一是传统的联盟打包付费，二是 PDA 单本付费。

顾晓光：2007 年，“学术电子资讯资源分享联盟(CONCERT)”代表台湾的大学图书馆集体抵制 Elsevier 的高涨幅，我看到这个消息后，觉得你们做得太棒了。前两年，大陆的高校和研究机构的管理者也做了同样的事情。在国外，还有学者专门建了一个网站来抗议 Elsevier 的高价。

陈昭珍：台湾地方小，大家沟通起来方便，一起坐下来开会，CONCERT 有个咨询委员会，我们几个馆长谈好决定如果 Elsevier 还是高涨幅，我们集体不订了。我在国内外的会议上经常对数据库商代表讲 OPEN ACCESS 方兴未艾，你们还要这么贵，最坏的结果是你们和图书馆一起亡，你们也要站在图书馆的角度看，图书馆怎么向学校交代，我们之间要有一个很好的平衡。

顾晓光：现在电子资源经费占总资源经费的比例是多少？

陈昭珍：一半左右。期刊的经费就占一半以上，而期刊的采购几乎都在电子期刊上。我们有 6、7 万种电子期刊，包括一些回溯的过刊。

顾晓光：如何有效地管理大量的纸本资源和海量的电子资源，特别是在检索方面？

陈昭珍： 没错。我也花了很多时间在这个方面，没有细节就没有品质。有些新的和先进的东西也不能完全交给馆员和主任来做，他们不一定能够完成。除了我会改变制度外，我还有一个长处，那就是我会知道馆员的优势和不足在哪里，他们不足的地方我就会投入其中。

我的博士论文是关于资料库的，我在台大做过编目组主任，也教授自动化课程，还做数位典藏系统，所以我在信息处理和系统分析方面还算不错。我来主持开发了一些系统，除了Metadata之外，台湾很多的标准都是我主持推出的，比如分布式的Z39.50、OpenURL、OAI等。所以，我还算是比较熟悉整合查询的。

顾晓光： 是你们自己开发系统？

陈昭珍： 我们馆的数位典藏系统就是我的研究团队负责开发的XML系统。整合查询系统就是用国外的了。SFX的Knowledge Base，我们没法建，要和每个资料库签约。接下来，我们要使用Primo了。

顾晓光： 台湾推行的“数位典藏计划”目前进展如何？

陈昭珍：“国家级”的“数位典藏计划”今年会全部结束，不会再有那么大的一个计划，会回到各个馆自己去做。我们馆长期在做数位典藏，有一个数位典藏系统，我们有很先进的数位加工设备，还帮别人做数位典藏。

顾晓光： 师大图书馆与各院系图书馆是一种什么关系？

陈昭珍：院系已经没有图书馆了，我当年在台大的时候也取消了院系图书馆。当然，现在台大有一些大的分馆，主要是因为不在一个校区。师大也有四个院的图书没有并在大馆，主要是因为他们的书太多了。院系原来的图书馆现在成为他们的图书室，一个交流空间。

图书馆有一个图书委员会，我们每一个系都有一个图书委员，每个学期会开一次会，用来决定一些重要的政策，这是一个很庞大的组织。上次校长还说是不是可以不用每一个系都有图书委员，每一个院有一个图书委员就可以了。但是系里的老师不肯，说图书馆太重要了，我们每个系都应该有个代表。

资料库和用于大学生的一般图书的经费在图书馆，我们还将部分的钱分配到院系，他们来决定购买期刊和图书。

顾晓光：会不会院系图书馆会重复购买大馆已有的资源？

陈昭珍：不可以，需要查重。原则上，西文书没有复本，中文书控制在三本。

顾晓光：原来院系的图书馆员如何安排？

陈昭珍：图书馆员原来就归各系管理，所以现在他们还是归各系来分配。但台大图书馆不一样，他们院系图书馆员原来就归图书馆管理，所以将院系图书馆收归大馆后，院系图书馆员就回到大馆了。

顾晓光：美国的大学图书馆也是这样，政策各异。您来大陆参加过学术交流，也参加过两岸四地大学图书馆馆长会议。在您的印象中，大陆的高校图书馆与台湾的高校图书馆最大的不同是什么？

陈昭珍：台湾的高校图书馆和公共图书馆一样，越来越重视空间的氛围，让读者去图书馆就像到很棒的书店，我们对于细部的装修比较重视。大陆现在的新馆也越来越重视这部分了，特别是有钱的大学。有些大学将经费用在外部的装修上，但并没有将部分的经费用在细部的装修上。从服务上看，我需要从实际的使用上才知道。台湾的读者很挑剔，我们会在细部上更加重视读者的感受。

顾晓光：在大陆还有一个公众服务的争论，就是很多公共图书馆 365 天全年无休开馆服务，请问台湾是否也有图书馆这样开放？您是否认为在国家的法定节假日图书馆员也有休息的权利？

陈昭珍：台湾的公共图书馆全年基本上都是开放的，过年的时候是放假的，一般一个星期会放假一天。作为一个图书信息专业教授，我是愿意给图书馆员呼吁的，公共图书馆同仁真的很辛苦。以前，乡镇公共图书馆的馆员中午是休息的。调查后发现，中午休息是有道理的，乡下很少人在外面吃午饭，我就建议他们可以更弹性地上班，也许上午不用开门，下午开就好了，因为很多人晚上才有空看书。这还牵扯到人事制度的问题，需要和乡长讲。而且该放假的时候，不一定非要阅读吧，看看山，看看水，挺好的。

顾晓光：图书馆员也要有自己权利的诉求，需要有在某些特定时间休息的权利。图书馆并非是关系到国计民生的特殊机构，不像铁路、机场。如果我们不争取自己的权利，也很难说能够更好地服务读者、保护读者的权益。

您曾担任过“中华图书信息馆际合作协会”理事长和“中华民国图书馆学会”秘书长、理事长，在这些非官方化的民间机构工作有哪些体会？

陈昭珍：台湾民间机构蛮重要的，它就像是工会，负责人都是一人一票选出的。选完理事后，选常务理事，最后选理事长。大家也不用竞选，这些位子没有任何收入，纯服务大家的，为机构找资源、拉资金。我做“中华民国图书馆学会”秘书长做了四年，做理事长做了两年，很累，因为我同时还是教授、图资所的所长和馆长。我任秘书长时，前两年庄芳荣馆长（注：台湾“国家图书馆”馆长）担任理事长，后两年黄鸿珠馆长（注：淡江大学图书馆馆长）担任理事长，他们都说让我做秘书长，他们才肯干理事长，哈哈。我觉得做学会工作一样也展现我的理想性格，学会很重要，有也很多和图书馆事业发展有关的事需要去推动，而会务本身也需要改革，台湾地区公共图书馆的评鉴就是我做秘书长时开始做的，我们还到民众中去问他们对公共图书馆的一些看法，做了很多细致的工作，同时选出了前二名，后来才请《远见》杂志接着评鉴的。我刚当“中华民国图书馆学会”秘书长时，学会经费只有 700 万新台币，六年任期结束后就变成 1400 万新台币了。

顾晓光：怎么去筹钱？

陈昭珍：向“行政院”、“教育部”等政府机构申请计划，召开会议时向各“部会”申请经费，拉取厂商赞助等。

学会可以通过学会做一些有益的事情，比如帮助弱势一些的公共图书馆，另外还要向政府发声。相对来说，“中华图书信息馆际合作协会”就更加实际一些，馆长坐在一起会讨论很多具体的问题。

顾晓光：关于馆际合作，我最近看到一个消息，美国的佛罗里达大学和迈阿密大学签署了一个关于创建联合学术馆藏的备忘录。

陈昭珍：我们的馆际合作做得很不错。除了一般的合作外，我们和几个大学有个协议，双方都会有对方师生的信息，都可以到对方的图书馆借书。在图书馆使用资料库也没有问题，但因为著作权原因，还不能远程登录。和台大也有同样的合作，但只限老师和博士生。

顾晓光：目前大陆的高校图书馆面向公众开放的争论不断，您如何看待高校图书馆面向公众开放这个问题？

陈昭珍：我觉得这两者属性不一样，台湾的大学图书馆也对大众有限制的开放，可以在图书馆阅览，但是不能借书。

顾晓光：也就是说我如果去师大参观，是可以的？

陈昭珍：是的。人家远道而来，怎么可以拒之门外。我们主要是要限制来图书馆自修的人，而不会限制来图书馆查阅资料的人。如果确实是来查资料，但是超过了限制人数，我们还是会通融的。我们也老在开会讨论这些事情。

顾晓光：我在高校工作，能够体会管理者的难处，管理者首先要保障本校师生利用图书馆的需求，如果因为公共开放而影响了师生的使用，就是帮倒忙了。

陈昭珍：是。我们 eCommon 区的环境更好，电脑更好，以前是没有任何限制，谁都可以用。有学生抗议，非本校人占用时间太久，影响到他们使用了。后来，我们就不允许外人进入了，但他们可以使用各楼层的电脑。我们尽量把工作做得细致。

顾晓光：请介绍一下你们的移动服务。

陈昭珍：我们是第一个借 iPad 的图书馆，学校给每个行政主管都发了一个 Pad，开会的时候都无纸化，学生也应该体验一下，所以经过比较，我们就推出 iPad，还买了一些相应的电子书。我们很早就自己开发了手机版的网页，后来又做了 APP。如果一位学生在外面看到一本书不错，想知道学校图书馆有没有，他就可以用手机扫描一下书的条形码，如果有的话，就加入预约；如果没有的话，就加入推荐书单。一些学校知道后也向我们学习，我们也会很开放地给他们使用这些程序。

顾晓光：您是图书资讯专业出身，同时也是这个领域的教授，请介绍一下台湾图书资讯专业教育的情况。

陈昭珍：在台湾有七个学校有图书资讯专业，具有博士招生资格的有三个学校：台大是最早招收博士的，我就是在台大读的博士；师大是第二个，是我当所长任内申请通过的；政治大学是去年成立的博士点。师大的图资专业更偏重数位化的教育，去传统化一些，我们没有本科教育。台大是传统一些的，政治大学还有档案学专业。

顾晓光：学生就业情况如何，方向主要在哪里？

陈昭珍：学生的就业情况也不错。很多学生去了企业，比如网络公司、出版界等。很多学生没有进入图书馆，但是也有很多非专业的学生想进入图书馆。进入私立大学图书馆工作并没有硬性的条件，但是如果进入公立大学的图书馆就需要报考公务员考试，这个考试比较难。图书馆员除了公务员之外，还有一些是约聘人员，只需要单独进行一个考试，就可以进入。在这些馆员中，有很多不错的，对于图书馆来讲，约聘人员在使用上更加灵活一些。

顾晓光：华东师范大学的胡小菁研究馆员，也是业界的编目专家，前几天发了一条微博："前两天参加一个联编中心会议。以有限的接触，感觉书商更关注编目的发展，而图书馆的编目领导不懂编目也不 care 编目似也并非个例。随着编目外包的扩大，编目由图书馆的核心能力而至边缘化，其没落之势十分明显。不难推测，若干年后，编目专家将出现在图书馆配代理商中。"您如何看待目前编目的发展？

陈昭珍：一种是拿到馆外编目，一种请外面的人来馆编目，来馆编目会好一些，能够更好地跟着我们的政策做。我们图书馆新做了很多非传统图书馆的工作，但人员并没有增加多少，主要是要改变馆员的工作绩效，以前需要馆员做的，现在不一定需要馆员做了。我们在编目方面减人算多的了。基础性的编目工作自己也做，但是也会委托外包。

顾晓光：现在大陆一些馆配商在给你图书的同时，已经给你编目资料了。

陈昭珍：台湾有专门做外包的公司，和馆配商是分开的。

顾晓光：请谈一谈 RDA 在台湾的研究和应用。

陈昭珍：我们正准备使用 RDA，一直在讨论。

顾晓光：反对的声音中，主要的原因是什么？

陈昭珍：在某种程度上，我对于转换到 RDA 不是那么积极。主要是因为图书馆不需要花太多的力气在这方面，MARC 也不错，而且合作编目也比较理想。我不否认 RDA 有很多的好处，但也要考虑图书馆系统有没有办法来转化，要考虑转换需要多少经费，OPAC 的重要性相对降低，能由 Google Scholar 找到馆藏或将内容做更详细的分析，比转换规则更重要。考虑使用很重要的一点是要和欧美国家一致，因为要用他们的书目资料。标准一致就好了。

顾晓光：如果你们转，是不是台湾的大学图书馆都要转？

陈昭珍：对，这些事情大家一起做。

顾晓光： 台湾的图书馆统一采用MARC21替换CMARC之后，对日常工作产生了怎样的影响？关于规范资料（主要是名称规范）的合作，台湾和大陆共享程度还是不够，主要原因是什么？

陈昭珍： 其实在转化资料上，最麻烦的是大陆的CNMARC，买大陆的书越来越多，所以这件事情需要解决。关于MARC21替换CNMARC，对于师大来说，我们本来就用MARC21。编目规则是学会编的，MARC是“国家图书馆”在维护，都付出很多心力。因为要从欧美国家搬书目信息，所以没有多大的意义再去维护自己的。以前我在台大时，中文我们用CMARC，英文用MARC21，对于一个大学图书馆来说，其实也没有太大的问题。很多人反对转MARC21，我赞成。我认为跟全球一致是一件很重要的事情，尽力节省你的人力和经济成本，我不认为我们应该在编目上花更多力气。大家应该联合起来做权威档，比如人名权威档、机关权威档等，这是我们共同的工具。两岸也有权威档共建共享计划，我们也希望大陆这边也提供你们的编目资料，这是我们很急需的。

顾晓光： 您此次来北京是参加北大图书馆110年馆庆国际会议，会议的主题是“变革与走向：重新定义大学图书馆的未来”。您也曾经做过一场题为“从全球化与在地化重新定义大学图书馆的角色”的主题报告，在台湾，重新定义的在地化主要体现在什么地方？

陈昭珍： 有一篇西文文章在说图书馆帝国的衰亡。文章说现在图书馆的各种失败：人家讲Web2.0时，我们也在讲

Lib2.0。其实，Web2.0是面向全球的使用者，而Lib2.0主要是针对在地用户的，但如果你做互动，没有什么人会跟图书馆互动，所以Lib2.0是失败的。文章讲eBook也是失败的，认为出版社不想卖书给图书馆，因为卖给图书馆电子书会影响他们的利润。而什么是数位图书馆，整个因特网就是一个数位图书馆，并不是指传统图书馆的数位化，对用户来说这是不够的。这些都是这篇文章的观点，也是很值得图书馆界警惕的观点。

我在Elsevier办的一个研讨会上，做了一个“从全球化与在地化重新定义大学图书馆的角色”的演讲。主要谈到，全球化越来越开放，连大学都开放了，像OCW，我们可以从iTunes U上都可以使用到全球很棒的课程。像哈佛大学的《公正》课，吸引了全球那么多人观看。对知识有渴望的人，没有学不到的东西。图书馆很早就开放了，它网罗了全球那么多的优质资源，现在对它冲击很大的有OPEN ACCESS，使得我们的馆藏没有以前重要，如何重新定位图书馆，如何转型，实在迫在眉睫。

顾晓光：有人说过这样一个观点：普通的图书馆重视馆藏，好的图书馆重视服务，更好的图书馆重视社群。

陈昭珍：我不完全赞成。确实还是很多人使用图书馆的纸本藏书，特别是特藏。我们订了一个中长期发展计划和我们的使命及愿景，让我们同仁知道发展的方向在哪里。主要有三个：一是C-space，兼具实体和虚拟的空间；二是D-collection，我们尽量向数位馆藏方面发展，如果买纸本，尽量是特藏资源。这几年，我们花大笔钱买了一些特藏，像Asia Study（亚洲研究），我们是从一位德国的收藏家那里花了3，000万新台币买的。这对我们老师的研究很有帮助。当然还包括我们的机构典藏；三是U-services，无缝化的网络服务。这三个是我们发展的方向。对于在地的人，他不见得完全用数位资源，虽然服务很重要，但是资源也同样重要，可以提升图书馆的能量。从全球化的角度来定义，我们要和读者的使用结合起来，从系统、人、服务的角度去尽量地结合起来，这就是我们的使命。除此之外，我个人认为大学图书馆应该将自己定位在提升读者的创意力、阅读力、学习力、研究力及文化力而存在。

在地化基本体现在服务上，与读者的接触很重要。我跟同仁说，如果需要打电话的话，就打电话；如果可以电子邮件的话，一定要留下你的电话，这种细节的礼貌一定要做到。

顾晓光：您发表过《全球信息自由与取用政府信息之现况研究》，请问如何看待目前台湾地区的信息自由，图书馆在保障信息自由方面需要加强的地方在哪里？

陈昭珍：台湾地区在因特网服务上是非常开放的，和全世界大部分国家和地区一样。这篇文章主要是针对政府资讯的，政府资讯必须保证是公开的，如果你需要调用政府的公文，政府是不能拒绝的，我花了三年的时间帮“行政院”做了政府资讯的 Ontology。台湾地区有《个人资讯保护法》，图书馆不能提供读者的任何信息，但是公务方面的事情一定要让民众知道的。

顾晓光：感谢您接受我的访问，希望您对于现代图书馆的思考和在台湾地区图书馆的实践能够给大陆的同仁以借鉴和思考。

陈昭珍：谢谢。

（访谈日期：2012－11－03）

陈昭珍简介

现任单位/职称	台湾师范大学图书信息学研究所教授兼图书馆馆长（2013 年夏，调任台湾师范大学教务长）
学　历	台湾大学图书馆学博士研究生
经历	社会参与（重要项目） 2010 - 台湾学术电子书暨数据库联盟计划主持人 2010 - 现任“中华图书信息馆际合作协会”理事长 2010 - “经济部工业局”数字内容产业发展补助计划审查委员、“经济部”SBIR 审查委员 2009 - “教育部”图书馆阅读推动教师计划主持人暨全国图书教师辅导团召集人 2008 - 2009“中华民国图书馆学会”理事长 2004 - 2007“中华民国图书馆学会”秘书长 2003 - 2005“数字典藏国家型科技计划”第一期应用服务分项第三子计划主持人 2004 - 2005“行政院新闻局国家影音信息平台”咨询委员 2001 - 2004“文建会”信息顾问
	国际学术活动 国际组织委员 2011 - IFLA（International Federation Library Association）Standing Committee of Academic and Research Libraries Section 2012 - IASL（International Association of School Librarianship），Research Interest Group Member
	主办国际研讨会 2007 办理国际组织 International Association of School Librarianship，2007 年第 36 届年会，共有 20 个国家五百多人参加 2008 与新加坡南洋理工大学、泰国孔敬大学、泰国 Mahasarakham University 等校发起“Taiwan - Singapore - Thailand Workshop on Library & Information Research”，目前已扩大并改名为 Workshop of the Asia Library and Information Research Group（WALIRG） 2009 与日本、新加坡等图书信息系所教授共同发起成立 Consortium of I - Schools in Asia - Pacific（CISAP）

<table>
<tr><td>经

历</td><td>国际期刊及研讨会审查委员
2003 – 担任国际研讨会 ICADL（International Conference of Asia Digital Library）及 DC – 2009（Dublin Core）的
论文审查委员
2006 – 担任 Journal of Web Librarianship 编辑委员
2011 – Library Management 审查委员
国际会议之 Keynote speaker
2009 受邀为 International Conference on Academic Libraries（ICAL – 2009）的 keynote speaker
2010 ICDL 2010 Conference（International Conference of Digital Library）invited speaker
2010 2nd International Symposium on Emerging Trends and Technologies in Libraries and Information Services
（ETTLIS 2010）Keynote speaker
2011 International Conference on Digital Libraries and Knowledge Organization（ICDK 2011）keynote speaker</td></tr>
<tr><td></td><td>学术著作及曾主持之研究计划
请参见台师大图资所网站 http：//www. glis. ntnu. edu. tw</td></tr>
</table>

台湾师范大学图书馆简介

特色

台师大图书馆配合学校整体发展，在全体同仁的共识下，以“E 流创新服务，多元丰富馆藏，营造知识校园，建构卓越大学”为图书馆发展愿景；在经营上，以朝向数位图书馆为目标，并以：1. 建立创意阅读及虚拟信息空间（C – space）、2. 建立丰富数位资源及特色馆藏（D – collection）、3. 建立无所不在的数位服务（U – services）为发展策略。

台师大图书馆包含总馆、公馆分馆、林口分馆及四个系所图书室。图书馆近年致力于各种数位资源的建立，除了采购师生研究教学所需要的数据库、电子期刊、电子书外，也致力于台师大出版品（如台师大所有学术期刊）及教师著作的机构典藏、图书馆特藏数据的数位典藏等工作，如善本古籍数位化，便利读者在在线自由检索、阅览世面所难得一见之珍本古籍。此外，专门主题的特藏之建立，更是让台师大图书馆与众不同之处，如亚洲研究特藏，乃征集并保存著名之亚洲研究学者 Gernot Prunner 私人图书馆珍藏，特藏包含大量稀有之藏书，为重要之亚洲研究资源。黑胶唱片亦为本馆典藏之一大特色，图书馆收录 1920 至 1950 年代台湾传统戏曲音乐最受欢迎之唱片代表作。

此外，图书馆效法美国麻省理工学院 Open Course Ware 将学术产出无私分享的精神，将台师大精选特色通识与专业课程拍摄、制作，使教学成果分享全世界，也为台师大优秀教师的教学成就做成完善的记录并永久典藏。图书馆也是台师大的出版中心，除了透过精心之企划及严谨的审查机制出版台师大师生著作外，也运用台湾及台师大丰富的文化资产，开发出优质富有特色之礼品，深受师生及海内外人士之喜爱。

馆藏

台师大图书馆历史悠久，馆藏丰富，馆藏量高居台湾地区大专院校第二名，详如下表：

项　目	数　量
实体图书（册）	1 509 619
电子书（册）	1 819 264
中外文期刊（种）	2 428
电子期刊（种）	76 447
电子数据库（种）	404
非书资料（种）	1 144 628

项　目	内　容
阅览流通　宝库之钥	凭证可自由进出各校区图书馆阅览及办理借还书、用自助借书系统与24小时还书箱，也可利用校本部文荟厅自助借还书机－师大便利书店借阅热门畅销中文图书。
电子资源　无所不在	利用一站式的整合查询系统检索并取用本馆各种电子资源。透过延伸查询功能，可直接申请并取得馆外资源。利用书目管理软件，可轻松管理研究工作中的引文数据。教师利用论文剽窃比对系统，可鼓励原始创作并预防不当之智财剽窃。
研究工具　随手可得	利用书目管理软件，可轻松管理研究工作中的引文数据。教师利用论文剽窃比对系统，可鼓励原始创作并预防不当之智财剽窃。
荐购急编　书目查询	可在线推荐购置图书数据，亦可申请编目中馆藏的急编服务、并自动取得预约。此外，可利用馆内外计算机检索馆藏目录。
参考咨询　学科服务	可咨询各系所专属的学科馆员，取得电子资源利用指导服务，并咨询教学、研究与学习之相关问题及提供意见。
视听媒体　休闲放松	可运用各类开架式的教学研究与休闲娱乐多媒体资源，包含录音带、录像带、LD、VCD、DVD、交互式光盘等多种媒体资源及随选视讯系统。亦可使用个人欣赏区、视听小间、团体欣赏室、语言学习室等。
馆际合作　互通有无	使用台湾50所大学院校图书馆签署的“交换借书证服务”，可有效利用外校资源。此外亦可使用台师大与交大、北医、台大、政大图书馆及“国家教育研究院”合作实施之一证通用的图书借阅服务。
文献传递　资源共享	利用“全国文献传递服务系统”，可向台湾地区其他单位图书馆借阅图书或影印期刊文献。也可利用与台大、政大、文化、淡江图书馆合作实施之联合巡回车服务代收送所借图书。利用校外电子期刊代印服务、RapidILL西文期刊文献快递服务、中国国家科技图书文献中心（NSTL）文献传递等服务，可迅速取得馆外的资源。

讲习课程　利用指导	利用图书馆各式定期与不定期之讲习，可了解各类资源的使用方式。新生可利用每学年办理的新生图书馆之旅，深入了解图书馆服务与资源。系所依据课程需要，可请馆员至课堂上讲解学科主题之资源利用。读者亦可使用图书馆制作之数位教材在线自学。
艺文推广　引人入胜	可参加图书馆办理之各类演讲、艺文展览、数据库展示等活动。
学习空间　弹性灵活	利用 SMILE 数位学习共享空间，可检索信息（Searching）、使用多媒体（Multimedia）、利用参考咨询（Information）、休闲（Leisure）与使用数位学习（E - learning）平台，享受一次满足（one stop）的 SMILE 服务。
严选出版　礼品服务	利用完整之出版服务，师生可将学术著作出版之编辑、审查与营销工作委托出版中心，也可在出版中心购买精美的文创商品。除实体商店外，可利用网络服务选购出版品与礼品。
机构典藏　数位产出	机构典藏系统保存师生的研究产出。可利用系统检索使用台师大学术期刊论文及台师大硕博士论文。
开放课程　全年无休	利用 OCW 数位学习平台，可随时研读本校精选优质、全年无休的通识与专业数位课程。

05 东莞图书馆馆长李东来先生

2012 年 11 月，“2012 年中国图书馆年会——中国图书馆学会年会·中国图书馆展览会”在广东东莞召开，这是我国图书馆界最高层次、最大规模的行业盛会。

对于参与年会具体组织工作的东莞图书馆馆长李东来先生来说，这不仅是一次艰巨的任务，而且是宣传东莞图书馆事业发展的一次良机。同时，也是他南下东莞十年后，交给同行的一份成绩单。

这次年会吸引了近 3 000人参加，展览会面积更是高达 2 万余平方米，这都为历届之最。年会结束一个月后，我访问了李馆长。他自称“行者”，一直走在图书馆实践、探索的道路上。服务无疆、管理有序，在东莞图书馆实施的“区域图书馆集群管理与协同发展模式”被业界称之为“东莞模式”。他认为这种以业务整合、技术支撑和政策保障为主要特点的模式对于其他城市图书馆的适用性比较强，叫什么模式反而不重要。

2012 年，东莞图书馆获得了东莞市政府颁发的“政府质量奖”，蟾宫折桂，位列头名，并得到了 100 万元的奖金，这显示出市政府对他及其团队工作的肯定和褒奖。

他在 2008 年中国图书馆学会年会上说过“技术不是最重要的，但技术是最有效的”。作为图书馆系统开发出身的他，深知技术如何引领和改变图书馆的组织和服务生态。从“中国试验型数字式图书馆”项目到东莞学习中心，他参与和见证了中国数字图书馆十多年来的建设和发展。从 24 小时自助图书馆到图书馆 ATM 机，他一直尝试用技术手段，让读者获得更大范围和层级的受益。

他推崇阅读启智，昌明教育。2006 年，中国图书馆学会科普与阅读指导委员会在东莞图书馆成立。他现兼任中国图书馆学会阅读推广委员会副主任，除了在东莞图书馆践行阅读理念，还致力于图书馆在大众阅读中的影响研究，并且主编了一本以阅读为主题的刊物《易读》。这几年公共图书馆界把阅读作为热点，2013 年的中国图书馆年会也以阅读作为大会主题。阅读理念的传承，教育职能的回归，图书馆社会化的更多参与，让东莞图书馆走在城市图书馆的前列。

李馆长谈到儿童阅读时，并没有特别去讲如何引导儿童去学习文化知识，而是强调教育儿童如何通过阅读，去认识“美”和体会“爱”。东莞图书馆的漫画馆别具特色，这是国内较早专门设置漫画阅读区域的公共图书馆。同时，老馆改建成为少儿图书馆和老年人图书馆。他希望中国传统的老少相携，在图书馆里面有一个具体的承载。

东莞有“世界工厂”之称，“东莞一堵车，世界就缺货”的调侃在一定程度上说明了它的地位。该市近年的出口额约占全国的5%，但有超过一半的常住人口文化程度仅为初中(2010年第六次全国人口普查数据)。“图书馆者，国民之大学也”。东莞图书馆如何为这些主流群体服务好，是他最基本的考虑。李馆长在强调平等服务理念的同时，也有针对不同群体服务的细化，他说“读者的细分过程就是我们服务深化的过程”。东莞学习中心为读者提供了一个资源整合和服务的平台，其中有很多资源是面向外来务工人员的职业培训。“世界工厂”变身“人才高地”是东莞市政府的愿景，如何提供更加有效的高端服务，李馆长和他的同事们任重道远。

顾晓光：2012年中国图书馆年会于11月在东莞召开，东莞市委常委、宣传部部长潘新潮用“五个首次”、“五大成果”概括了此次东莞中国图书馆年会的特点，在肯定了年会成绩的同时，也是对贵馆同仁这么长时间筹备和组织会议的褒奖。请先谈谈从2011年底到会议召开这一年来，你们作为具体参与工作的东道主为此做了哪些准备工作？

李东来：图书馆年会是我们行业和社会对接的一个平台，或者说是我们行业向社会展示的一次机会。这次年会是我们行业社会化的一个标志，它新的构成和举办方式给图书馆界的从业者带来了新的希望。如何以新的希望、新的形式，使得本行业和社会进行有效的对接，继而提升行业的能量，向社会展示自己的形象，需要我们认真考虑。

这次图书馆年会举办的背景和初衷，主要是图书馆所呈现的社会性和社会意义，是图书馆行业的整体规模和交流对社会和举办城市的影响，也是图书馆年会的存在价值。这是中国图书馆人在新世纪以来几次理性研讨的影响和实践推动的结果，它置身于中国社会发展的土壤之中。通过年会，把图书馆行业里精华的内容向本行业和社会集中展示出来。我更看重面向社会的效果。

顾晓光：这是与以往年会最大的不同？

李东来：是的。中国社会的进程与图书馆发展的历程，是同步进行的。

顾晓光：并没有走在社会发展的前沿？

李东来：没有，中国社会在近三十年是以多么快的步伐在前进啊。这种发展是以经济发展为主，带动着社会变化而进行的，精神方面、制度方面的发展随着经济发展而发展。图书馆社会性的实现，是以我们行业自我认知、自我转换为基础的。举办这次年会，也寄托了行业发展的希望。行业的大汇聚，会有许多新的元素，新的元素会引起行业内新的变化和发展。

筹备年会之初，我们先开始对年会了解、认知、策划、宣传。2011 年贵阳年会结束后，比较成型的会议有北大的全国图书馆学博士论坛。我专门去参加了这次论坛，那时你还帮我找一批人来座谈，为年会出谋划策。我非常在意这次会议，因为参会者以博士研究生为主，知识层次比较高，有本专业的系统化培养，他们对于行业发展和现实基础了解得比较充分，而且他们和自己的指导老师是紧密联系在一起的，所以这次会议参会者是我们行业理论和教育领域的代表。另外，这次会议应该会有新锐的观点。

我们在各种会上宣传，会下去谈，吸收各界好的创意想法。筹备期间，我们两次请全国的专家到东莞，接受我们的咨询。

2011 年底，我们先从馆里抽调了几个人，成立了筹备小组。我们很在意策划。按文化部公共文化司和中图学会的希望，初步要求会议规模要增长一倍，展览会作为年会独立组成部分（注：年会分为工作会议、学术会议和展览会三大部分），规模前所未有，该怎么办？不确定性很大。展览面积从 1 万到 1.5 万平方米，最后是 2 万平方米，这都是需要临时调整对策的。以前年会的展览都是以标准摊位的形式来招展，上次贵阳年会，除了国图和文化共享工程管理中心是特装之外，都是以标摊的形式展览。如果我们看国外本行业的展览或者国内其他行业的展览，发现特装更能体现展场的层次和水平，会给人更深刻的印象。以前标摊参展可能有人情在里面，但如果特装参展就需要公司一定的决策层才能够决定，需要他们更大的投入。

另外，通过这次会议，我确实感受到，政府的介入对于当前图书馆行业的扶持和引导是非常重要的。没有政府主导，就没有这次会议的规模和档次。

顾晓光：政府能够调动更多的资源。会议筹备的整体思路和框架最后还是需要政府拍板的。筹备期间，政府介入具体的工作多吗？

李东来：一直介入，各级政府都非常重视。

顾晓光：通过刚才听您说的和我之前了解的，我总结一下对东莞年会的两点感受。一是政府主导，并且力度很强；二是从以往的本行业内的专业讨论转为向社会宣传本行业，让公众了解我们的成绩。我也能感受到东莞市政府的支持，比如电视台现场直播、公园免费开放等，这几天像是东莞的文化节日，这是很积极的一面。从另外一面讲，政府的介入会不会对你们也造成某种程度的不便，或者说，管得太多了？

李东来：你的感受确为事实，许多参会的代表感受强烈，对东莞城市的文化建设和精神追求有现实和切身感受。有很多代表跟我说没想到东莞这样的城市和以往听到的、想象的差异太大。大的活动需要协调方方面面的利益，这时候，我们应该认识到，由于多方组织、不同层级的介入，它才能吸引不同的资源。各方肯定会有不同的要求，这需要磨合。面对专业会议，我们作为专业单位，责无旁贷要做好，要将图书馆行业内的东西介绍出来，让政府了解并认可。我们不能指望政府给你提问题，我们根据问题来做。既然政府很重视，我们就希望让政府重视我们提出的要点。比如，三大图书馆系统的馆员能否更多地参与，以往非公共图书馆的馆员参会的少，我们要分析，并且提出让他们感兴趣的内容，这就涉及我们会议之前的期许。一是社会化，我们不能自说自话，要有社会人员感兴趣的东西。在操作层面，我们希望市民也参与到学术会议和展览会中，包括你刚才说的公共资源这几天向市民开放，这也是给会议代表提供的便利；二是专业化，学术会议要有水平，有档次，有人气，中图学会组织的专业会议比往届多出一倍，引导了行业研究和未来发展。会议既成为了东莞的文化节日，更成为中国图书馆人的节日。我觉得这次效果还是蛮好的。

顾晓光：这次分会场是历届以来最多的，也引进了其他定期召开的单独会议，比如北大全国图书馆学博士论坛、图书馆学编辑会议等，都是很有效的尝试。在我看来，这次会议在专业化方面也有一个遗憾，会期有些短，只有仅仅两天时间，而像IFLA、ALA的年会会期都要长很多。

李东来：这是发展中的问题，也是逐步认识和调整的事情。有组委会的因素，也有使会议开得更紧凑、更高效的考虑。我现在想来，因为会前有很多未知的情况，比如参会代表和分会场没有那么多会怎么样呢？所以我们也需要倒过来想、辩证地看。我们通过一些措施，能够解决上届会议出现的问题，那么可以说，我们就往前走了一步。贵阳会议的时候，两个主会议有时间冲突，使得一个分会场几乎没有什么人，我们这次解决了这样的问题。当然，我们也面临了新的问题，参会代表的数量超出了我们的计划。如果说代表参加这个分会场，而无法参加另外有同样兴趣的分会场是一个问题的话，那么在ALA、IFLA会议也同样面临这种情况。ALA有成百上千的分会场，他们也无法保证所有代表都能够参加感兴趣的讨论。

除了以上所说的社会化和专业化期许之外，第三是国际化。我所理解的国际化不是有几位高鼻深目的外国人来做个致辞就可以了，我比较在意国外是否有新的内容和产品在这里展示，特别是在展览会上。李国新教授（注：国家公共文化服务体系建设专家委员会副主任、北京大学信息管理系教授）和我们策划了一个城市图书馆服务体系实践样本的展区。中国公共图书馆总分馆制发展了十多年，2000年，上海图书馆的中心图书馆是肇始，应该记上一笔。“十一五”期间，文化部政策文件中已经提出有条件的图书馆应该实施总分馆的服务体系，已经有很多城市和区域图书馆在按这种模式操作。国外发达地区图书馆的这种体系也比较成熟，通过他们的加入，我们以邻为镜，看看有哪些不足，这是我们的一个目的。国家在做公共文化体系，图书馆是目前该体系中比较成型的一块儿。但我们与世界来比较呢？希望通过这种比较，有所思考。我们找来了新加坡、北美几家图书馆，还编了一个服务体系实践样本的小册子，从五个方面来做比较。

顾晓光：国际化方面，达到预期了吗？

李东来：应该说超出了预期，在年会上有了良好的起步。不仅在展览会上，中图学会还有两个北美专业分会场和新加坡方面的专业分会场。北美劳顿郡图书馆员介绍的她们为智障人服务的投入和细致给中国同行留下深刻印象。我们在“技术的力量”和“e 读、e 学、e 生活”专题会场开通的即时交互微博墙，也给新加坡图书馆人同样的感受，她们表示也将在 2013 年新加坡的 IFLA 大会借鉴。

顾晓光：今年你们的工作会对后来者以借鉴，如何在你们的基础上做好，也是一个现实问题。

李东来：今年三四千人参会，以后规模可以维持在这个数量之上，然后把基础夯实，内容做好，而不只是注重形式，下一步如何继续扎实地做下去，这才是重要的。总是规模翻番不见得就是好事，我们要理性地去看待科学发展。

顾晓光：您刚所讲的社会化、专业化和国际化这三个特点，我个人觉得社会化更重要一些。不管是中国还是西方发达国家的图书馆，都面临着网络的冲击。中国图书馆没有西方

图书馆在民众中的影响力高，我们更应该借助年会这个平台，通过各种形式宣传图书馆。我们会经常看到很多国人去美国等发达国家时称赞他们的图书馆服务，甚至像发现了新大陆一般。岂不知，中国的很多图书馆也正在提供相同或者相似的服务，只是他们已经好久没有利用中国的图书馆了。这些读者以1990年代中国图书馆的标准与现在美国等发达国家的图书馆做比较也有失偏颇。但是，这不能怪这些读者无知，我们更应该反省为什么没有让读者知道我们提供这样的服务。

李东来：说得对，与以往年会比，这次确实是大大地跨了一步，今年社会化的特点是最重要的部分。刚才我提到市民都可以参与，另外，今年利用大众传媒进行宣传的力度也是以往没有的，这是不是扩大了我们行业的影响？另外还有一些让大众感兴趣的内容，比如榜样人物等。年会要有一些品牌性的内容，榜样人物是一种代表。

顾晓光：是的。会议还邀请到前文化部部长王蒙先生做了主旨报告，这位在社会上有相当影响力的著名作家参加我们的专业会议也是吸引公众注意力的一个方面。

李东来：邀请到公众人物，专业年会的社会化的标识性意义会更强一些。

顾晓光：以往的年会，参会代表基本上是公共图书馆的馆员，如何吸引更多的专业图书馆和高校图书馆参加年会而不局限在公共馆呢，你们都做了哪些工作？

李东来：从开始策划到咨询专家，我们都有意想邀请非公共馆的同行参与进来。据我了解，文化部也与其他部委做了沟通。对于我们承办方来讲，请到北大图书馆学博士论坛移师东莞，参与年会，这是教育系统的力量，也是标志性的。评选榜样人物，不仅限于公共图书馆馆员，这是方方面面的努力。

组织方是希望各方面的同仁都能够参与，因为这是我们图书馆人自己的盛会，所有图书馆人都应该有所贡献。不管是公共系统，还是教育系统、科研系统，都通过这次机会来展示自己的成果，以体现出我们行业整体的形象，我认为这是最主要的。

顾晓光：东莞年会推出了八大榜样人物，这是为了年会专门进行的评选吗？

李东来：这是前面所说的社会化因素的一个展示，也是标志性的事件。我们市里提出了这个策划，公共文化司非常认同，实质上年会的安排有很多大家不谋而合的东西。年会要有新的元素、品牌性的东西。

顾晓光：评选的标准是什么？

李东来：是组委会进行的评选。分支机构上报候选人员，组委会有一个专家评委会最后确定。

顾晓光：对您来说，这次年会还有哪些遗憾？或者说对以后承办的机构有什么可拓展的建议？

李东来：我个人对事情喜欢两方面去谈，成也萧何，败也萧何，这样我们认识事情会更清楚一些。我们提社会化，指标也很多，亮点也好，新的想法也好，够不够呢？与以往相比是跨越性的，但距离我们现代的社会化目标差距还很大。这次会议是三方合作，展览会东莞下了很大的力气，利用了各方面的力量，有政策导向，有相关利益的企业配合。这些是一次会议的结果，但能不能把它常态化，长期的延续需要图书馆的发展和社会化的进程。我们要能够给企业以预期和回报。我跟有关的领导说，我们做得很辛苦，应该让企业看到某种回报。如果对展览的收益不满意，他们第二次还会来吗？这不仅单单考虑东莞年会的问题，也是对一个行业可持续发展的考虑，我们希望以后更加成型。

ALA 年会的收入是 ALA 收入的 1/3 左右，年会能有相类似的目标吗？能达到吗？目前是没有，也达不到。我们比他们差吗？也不差。中国图书馆发展这么快，文化事业蒸蒸日上。我们去美国参加 ALA 年会的时候，带着我们的宣传单。美国同行和参展企业看到中国图书馆事业的发展，也是很感兴趣的。我们能不能拿出数据，来说服他们加入到我们行业的推广来，并且得到一定程度的回报，这是双赢，而不仅仅是一个口号。社会化方面，我们前进了，但是还不够。

顾晓光：我有同感。无论是工业革命时代，还是目前的信息时代，技术的发展促进了生产力的大幅提高。近年来，图书馆的发展也是伴随着信息技术的发展而来的，与图书馆相关的技术发展息息相关。年会吸引公司参展，也会影响图书馆，为图书馆的发展增砖添瓦。我们要多吸纳他们，他们可以在经济上获益，我们可以通过他们提供的支撑更好地为读者服务。除了展览，公司学术化的商业推广也应该要有一些。这次年会的效果如何？

李东来：办好年会要注重策划。比如这次最大的参展商超星公司，事先我们做了沟通，介绍了图书馆的发展和需求以及年会情况，他们也认可目前图书馆的发展态势。他们的参展由最初的 8 个标摊 24 平方米，到最后决定做一个 600 平方米的特装展台。那么这么大的展台到底放什么，也是需要好好策划的。起初，我们展开馆内年会策划头脑风暴会，有位年轻同志提出大型行业展会有概念产品展示，如汽车大展中的新型概念车，由此建议在年会设立“未来图书馆”的主题展区。而超星是以数字资源和信息技术服务为主的公司，如果超星能够参与到这个主题来，用户是会很感兴趣的。但是这难度又很大，经过商讨，调整为“图书馆：从现在走向未来”这一主题。图书馆已经在使用中的内容，不算未来，但是大部分图书馆还没有使用，对他们来说就是未来，这是一个相对概念。同时，我们共同举办“e 读、e 学、e 生活”分会场，他们参加到专业的学术会议中介绍他们的产品和服务。最后，他们对于这次展览的成效很满意，说明年还参加图书馆年会，并且还做最大的。他们的集中展示对我们行业来说是有好处的。

顾晓光：您对这次年会还有哪些体会？

李东来：我们对事情要有“想法”，然后再考虑如何将其实现。我们不乏想象，但更加聪明的想象是能够将想象落地，政府文件叫“抓手”。图书馆是一个服务机构，并非是一个纯粹的研究单位，所以如何将想法放入现实中来显得更加重要。

图书馆社会化的研究与实践都很重要。政府也清楚，不能老是政府来做，最终还是回归行业，政府只是起“扶上马”

的作用，等到了一定的规模，就水到渠成了。

图书馆的社会化，利益相关方是非常重要的，如果他们关注这个行业，有更多相关资源投入进来，通过资源转化，行业的发展会更好。如果我们没有这个意识，如同吴建中馆长所说的图书馆员比较保守（详见《访谈上海图书馆馆长吴建中先生》一文），那就是一个问题了。

顾晓光：是的。如果说自动化时代之前，我们关起门来可以的话，那么现在我们如果不借助外力，那可能真是要落伍了。信息技术的发展会直接影响社会的发展，如同微博对于中国社会的影响，虽然现在可能是细微的影响。通过展览会，我们可以从中吸收很多不一样的元素。

李东来：加大展览会的规模、层次和丰富形态是这次年会改革的一个很重要的变化，展览会是年会新的增长点，这不仅是参考和学习了ALA年会，也是政府认识到图书馆行业也会有这么大的规模和社会经济作用。借鉴国外案例，结合国情，加以扶持，扩大整合后逐步交回给行业，这就是政府的作用。

顾晓光：关于2012年东莞中国图书馆年会，我们就聊这些吧。

您在《易读》（注：东莞图书馆主办的以阅读为主题的季刊）2012年第四期中发表过一篇《传承与交流——图书馆的社会化演变》，里面有这样一段话："新世纪以来，我国图书馆领域获得了前所未有的快速发展，发生了许多深刻的变化。值此图书馆事业发展的重要时期，图书馆行业有必要回首看看自己走过的路，并抬头审视前方更远的目标——这正是中国图书馆年会盛装举办的意义所在。”能不能谈谈您心目中“更远的目标”?

李东来：现在，图书馆行业受到的冲击很大，看更远的目标要先想想我们的生存基础在哪里，核心竞争力在哪里。要有所为，有所不为。我比较看重图书馆教育职能的回归。换句话说，图书馆的教育职能会越来越重要，这也对图书馆员专业化、高水平的知识组织要求越来越高。

顾晓光：是的。图书馆是民众终生教育的课堂，现在的图书馆也正在有意无意地朝着教育、文化中心去做。

这两天，CALIS 管理中心请到了美国图书馆界著名的技术咨询师 Marshall Breeding 先生到北大图书馆做讲座，他在这个月刚刚发表了一篇 Tech Review and Forecast for 2013 的文章（http：//www. infotoday. com/cilmag/dec12/Breeding - Tech - Review - and - Forecast - for - 2013. shtml)，里面提到了图书馆集成系统（integrated library systems，ILSS）向图书馆服务平台（library services platforms，LSP）转变的趋势，服务平台能够通过云计算等技术，管理印本和数字资源，更加有效地进行知识管理和使用。我对东莞学习中心的平台建设比较感兴趣。

李东来：最早的学习中心是以东莞市民学习网为主，2005 年开通时在社会上有比较好的反响，志愿老师还会进行针对性的辅导。我觉得那个时候数字图书馆的黏着性不够，教学视频却不同。2008 年，我们对平台升级了一次，集成度更高。

我认可 Marshall Breeding 先生所说的，我希望东莞学习中心是一个图书馆资源的整合平台，也是一个系列化的、有跟踪性的服务平台，不完全是以前数字图书馆的概念。

我们图书馆的目标很好，但涉及不同的商家、资源、软件以及各自的利益，所以需要逐渐地通过技术来实现一体化的服务。谁也不希望信息孤岛，但现在资源越多，感觉孤岛越多，需要更多的整合。

顾晓光：你们是以中文资源为主，目前的整合情况怎么样？

李东来：总的来说还不错，但也有些问题。我们一直很在意打通资源和服务的整合，至少包括两个方面：第一是读者的统一认证，登录一次查看所有资源；第二是读者一次检索所有资源。现实中，我们尽量整合所有资源，但也不必较真，因为情况也比较复杂。以前，我是用技术管理的方式来思考，现在已经有变化了。

举个例子，1996 年，北京 IFLA 会议之前，IBM 有一个展览，对国内图书馆界是一次巨大的冲击和鼓舞。IBM 与我们自身行业的认知有些不一样，它的三角架构把我们行业核心的东西用简单的数学模型描述出来，把我们以前经验性的东西变成了可实现的模型，我感到非常震撼。而现在，技术的发展很快，我们对问题的思考也需要多方面的。

我是从图书馆行业社会主要职能的回归来认识学习中心发展的。以前，图书馆的主要职能是资源信息查找，一个清晰的影像就是，如果读者去查找资料，我们行业的老先生从众多工具书里找到答案，而现在谁都可以做到了。换句话说，老先生失业了，社会上每一个人都变成老先生了，Google、百度成了图书馆员。我们行业的这个职能在当今被弱化了。

第二个职能领域是阅读。现在，我们行业在阅读这个领域很热，中图学会2006年在东莞成立阅读推广委员会，是中国图书馆学会的一次拓展，也是图书馆社会化进展的一种标志。阅读是图书馆和社会发生关系的一个媒介，但我们通过一些活动或者推荐书目所发挥的作用是有限的，并没有突破我们原有的服务形态。

第三，我们需要对图书馆社会教育职能重新认识和回归。尽管方方面面还没有做好这方面的准备，但并不意味着我们不往这方面去转变。如何转变？除了以前经验性的积累，我们希望这是以后读者进入图书馆的一个入口。另外，我们还设立一个学习中心推进部。新的职能需要有新的机构相对应，然后再逐步完善。学习中心不完全是一个学校，我们在探索，现在还不完全成型，包括组织架构、内容整合模式、服务形态，主要是尽量满足社会需求，并开展一些活动。

顾晓光：图书馆需要多培养成长中的用户，这方面儿童是主流。通过吸引低年龄层的读者，来培养他们对于图书馆的感情，让他们很多美好的记忆留在图书馆内，使图书馆成为他们的精神家园、终身受用的地方。我参观东莞图书馆时，对儿童阅读服务区感触较深，请谈一谈你们儿童服务的情况。这是不是你们读者的主力群体？

李东来：是主力群体。公共图书馆这些年的发展，儿童服务是一个重要的领域。原来参考苏联模式，大中型图书馆是不做儿童服务的，需要单独的儿童图书馆。现在各级图书馆儿童服务越来越多，一是儿童是阅读的新希望，二是我们对高端读者的服务，难以做到位，不得已而为之。信息服务中打破了原来的划分、区隔，大家找不到新的东西，我们图书馆核心的东西弱化了。我不了解高校和科研机构的学科馆员能够做到什么程度，说老实话，公共图书馆没有那么多专门领域的人才啊。

越基层的图书馆越应该关注儿童服务，新加坡的有些社区图书馆专门单列出社区少儿图书馆。东莞图书馆的儿童天地、漫画馆吸引的基本是未成年人，通过“小手拉大手”，再吸引成年人来图书馆。儿童阅读服务需要有新东西支撑，与时而进，满足儿童所需要的。

顾晓光：你们有什么新的服务？

李东来：比如漫画馆。我们从2004年在老馆就建立了漫画馆。市场上充斥着一些盗版的、印刷不怎么精美的漫画，我们买进了很多质量较高的漫画，青少年非常喜欢。但刚开办的时候，不是家长、老师都认可的，认为图书馆应该是学习的地方。过去这些年，家长、老师的想法也在变化，但当时我们的压力也很大。漫画是不是儿童需要的？肯定是的。

顾晓光：是的，我认为绘本似的图书对于孩子的成长很重要，激发想象力、培养好奇心。

李东来：在东莞年会前，东莞图书馆出版了两本儿童成长图画书导读类的图书，得到了人大出版社李天英的积极支持。这也是我们逐渐加大儿童阅读服务的一个方式。

顾晓光：这是不是说你们还会加大儿童服务的比重？

李东来：我其实不太在意比重，只要是适应需要就可以，我们会据此进行适当的调整。我比较在意的是提供什么样的服务内容吸引这些读者。如果一个一万平方米的儿童图书馆，没有新的形态和内容也是不行的。东莞老馆改建成少儿图书馆和老年人图书馆，2011 年 10 月开馆，中间又做了一些调整，2012 年“十一”前重新开馆。

顾晓光：现在很多地区阅读的群体呈现 M 型，也就是少儿和老人是阅读的主体，青壮年反而阅读量并不高。

李东来：为什么少儿服务和老年服务放在一起？我们适应现实，隔代带孩子的情况比较多；还有一个考虑，中国传统的老少相携，“老吾老以及人之老，幼吾幼以及人之幼”这种观念，我希望在我们图书馆里有一个具体的承载形式。

2010 年，我们策划时，王余光教授（注：中国图书馆学会副理事长、北京大学信息管理系教授、系主任）说这种形式很好，北大社会学系一位专门做中国老年人社会研究的教授对此也很感兴趣，我们需要这样理性的介入和引导。

顾晓光：我觉得这种形式挺启发我的，感觉很温馨。作为独立建制的少儿馆，也有一些争议，它是否有存在的必要。

李东来：我觉得没有什么争议的，现实中已经存在着，如果你做得好，还有什么可以争议的。我们是应用文科领域，是否能够适应社会的发展，我们应该要清楚。

除了常规的儿童服务，我还希望在其基础上做一些提升工作，集中在两点，虽然不容易做到，却是我们需要的：一是教育儿童“美”，美是什么，如何去体会美的感觉。为什么德国的技术工艺很好？他们很在意这种培训。台湾汉宝德写了一本书《美，从茶杯开始》，从中可以看出如何认识美、辨析美。这是基础，给孩子定调的基础，我们这部分做得不够。二是教育儿童“爱”，在绘本上能够体会出很多。

如何将老少联系在一起？“斯芬克斯之谜”说的是人的成长一生。原来想在门口用斯芬克斯的头像来吸引孩子，如果能够答出“斯芬克斯之谜”，那么就可以进去，后来发现实现起来有些困难，就把头像放在里面了。通过“斯芬克斯之谜”，可以教育孩子，也让他们思考人是什么，孩子也有老的时候，让孩子去思考是好事。孩子对神话故事最感兴趣。在神话故事里，我更在意希腊神话，我认为这里面有很多“美”的东西，而且希腊的神是有七情六欲的人神。

顾晓光：这次东莞年会上，范并思教授（注：华东师范大学商学院信息学系教授）策划的全国图书馆未成年人服务展区很有特点，他现在也涉足儿童阅读的研究。

李东来：这就是他上次来东莞做讲座时，我们提及年会的少儿展区，范老师很有兴趣，我们就谈成了，由他为主策划，效果非常好。

顾晓光：流动书车在中国的普及面还不大，我看你们网页上，流动书车在何时何地服务都标注得非常清楚，请介绍一下运行情况。

李东来：流动车服务基本成型，流动书车有两大功能：一是它本身就是一个小型的图书馆，可以在人员密集的广场、企业、图书馆覆盖不到的其他区域进行服务；二是在东莞图书馆服务体系中，起调剂作用的中转车。总分馆体系下图书通借通还，很多中心馆的图书被还到了读者就近的分馆是很多的，这需要有车进行调配和回收。

顾晓光： 东莞地区的民众构成是非常有特点的，与这座新兴的城市一样，居民的平均年龄也非常轻，但同时初中文化程度的人占到一半以上。这种外来人口居多、年轻人居多和教育程度偏低的轻工业城市并非东莞的特色，但却是非常有代表性的。请问面向这些主流人群的服务上，你们在资源采购、服务方式上是否也有些不同？

李东来： 首先，图书馆要有专业精神，我们要将《公共图书馆宣言》里平等服务的理念贯彻始终。我们通过办证可以看出，读者群体和城市居民整体构成比例差不多，我们对于本地人、外来人和残疾人都要提供一视同仁的服务，这是基础。没有必要强求去做一种刻意地区分。

从另外一个角度讲，服务不细化也是不对的。读者的细分过程就是我们服务深化的过程。外来务工人员大多是来自农村的二代务工人员，比起父辈来，他们有基本文化素质，我们不能看低他们的水平。我们曾经办过粤语培训班，就是照顾外来人员。对读者平等对待，又要考虑到某些特殊群体的需要，来提供相应的服务。

对于图书的采访，要和整个城市的需求来对应，通过专业精神来保证。作为一个制造业为主的城市图书馆，我们会多增加相应的课件和视频，这既是城市需要，也是人群需要。

顾晓光： 你们的总分馆体系已基本成型，还想在哪些方面进行完善？

李东来：总分馆的集群管理基本定位为业务整合，而不是管理体制统管到底的方式。良好的愿望也需要有现实的支撑，行政的条块分割壁垒不是图书馆行业可以完全突破的，如何在现实中发挥整体化服务才是更需要考虑的。在总分馆初期，我们也想采编统一，但困难重重，而且后续的资源未必跟上。我们从开始的统采统编到后来调整为指导采购、帮助分编。图书馆界有一种声音认为，都统起来才对，甚至说人、财、物不统一就不是总分馆。但我觉得应该从读者角度看是不是一体的，这才是最主要的。东莞通过集群管理，在技术上实现了图书馆业务整合。现在业务整合有没有问题？还有一些问题。毕竟不是强力性的行政关系，我觉得这是正常的。即使有强力性的行政关系，可能还有其他症结性问题，如难以更多地吸收其他的社会资源。目前看，这种业务整合对于现行体制下整个城市图书馆体系的社会资源供给可能是最大化的，最有利的。

顾晓光：这几年，中国公共图书馆发展过程中出现了几种模式，其中有一种东莞模式，请您简单地总结一下东莞模式的特点是什么？

李东来：主要的还是从实现效果来看，对读者来说，区域内图书馆体系的形象和服务是统一的。特点有三个：

一是适应现实环境的业务统筹。东莞注重创新能力和主观能动性的发挥，既善于突破现有体制的束缚，又善于借用现有体制的资源，从城市发展的角度来思考图书馆的发展，制定具体规划，并根据现实环境确立了发展路径，在不改变原有行政隶属人事和财政关系的情况下，采用集群管理技术和总分馆管理体制，将区域内众多的、不同类型的各分馆的业务管理集中于总馆，有效实现了资源、业务、管理的统一。

二是运用科技创新的技术支撑。根据东莞现实情况，确立了技术先行的思路，选择把技术创新作为突破口，开发新的业务管理平台，从技术上实现多层次图书馆群的联合，进行业务和资源的协作、共享。

三是建立合理完善的政策保障。充分发挥政府主导推进的作用，东莞市委、市政府先后出台有关建设图书馆之城、实施图书馆总分馆制的政策措施，对总分馆制的总体目标、运行模式、实施步骤、组织领导和措施保障等做出了较为明确的规定，还设立专项资金，加大对图书馆事业的投入，实行基层图书馆建设考评制度，为总分馆体系的建设和发展创造了良好的政策环境。

这种模式对于其他城市的适用性比较强，软件是可以将管理理念固化下来加以传播的，我们的管理理念内化在软件系统中。叫什么模式反而不重要，普适性更重要。

顾晓光：不管什么模式，能够固化下来的管理才是最重要的。你们2012年获得了东莞市政府颁发的“政府质量奖”，而且只有三个单位获奖。政府看重你们的是什么，您作为管理者对于图书馆管理的体会是什么？

李东来：有点自豪的是，我们排在第一名。回过头来说，行业发展到一定程度，需要标准化的管理。图书馆行业有很多质量管理体系，像ISO9000等。这个奖是基于卓越绩效模式的，有国家标准。

谈到管理，我对于馆长这个岗位的认识，一是前瞻，二是管理，三是效益。我们对于行业发展趋势的认识还是比较准的，继而会有相应的对策；内部的管理来讲，还是比较用心。效益是在管理基础之上的，只要管理到位，效益自然会有，如何做到更大的效益以及拿什么来评判，比如现在的第三方评判。行业的自我认知也很重要，图书馆需要激励自己、改善自己。卓越绩效管理的标准体系，就是我们追求的卓越通过绩效来实现。该模式源自美国波多里奇奖评审标准，包括领导、战略、顾客和市场、测量分析改进、人力资源、过程管理、经营结果等七个模块，一个菱形结构的评判体系，比较规范，当然在国内也有落地生根的问题。

我们申报政府质量奖，也是给自己的一个压力。还有一个原因，我们行业的发展不能自说自话，如何用别的行业的东西、通用的标准模式来看我们自己？再一个原因，我们和社会如何去互动，这个方式对于自我提升是很有效的，是我们新的学习过程，年轻的骨干也愿意去学。他们费了很大的力气，因为话语体系很不一样。转化过来后，发现价值非常不一般。

顾晓光：价值的体现主要有哪些？

李东来：我们对愿景、使命、价值观以及定位、解构、与同行的对比进行重新梳理，哪些是我们核心的指标，重新确定我们的系统目标、分值目标以及如何进行测量转换，还有利益相关方对图书馆的评价，这样的体系认知结果和以往不一样。

再与我们的行业标杆比，比如与新加坡的图书馆比，看看哪些好哪些不足。评审专家用了一周的时间听我们十几个人做汇报，专家的认可度也比较高，最后得了第一，市里还奖励了我们一百万。

顾晓光：这是对于十年来管理工作很大的肯定。

李东来：我们用社会公众相同的评价方式和要求来检查我们的工作，也增强了我们业务骨干的自信心。尤其是2012年，工作压力很大，年底有首次城市承办制的图书馆年会，上半年启动质量奖申报，是我们业务重整的机会，也是为年会做好自己工作的准备。所谓洒扫庭院，以迎贵客。

顾晓光：谈到东莞图书馆，不免要和深圳图书馆做个比较，你们两个馆有很多相似的地方，都很重视新技术的应用，管理者的水平比较高。ATM 机是你们最早开发、使用的，早在五年前（2007 年 12 月）就推出了，但是深圳图书馆将其推广出去的。请谈一谈设计 ATM 机的初衷。

李东来：从图书馆实现 24 小时自助服务来谈，可能认识会更充分一些。我们是先有 24 小时自助图书馆，然后才有的 ATM 自助借阅机，这是两种不同的服务方式。开始实现的时候，比较注意服务功能和形式，换句话说，我们应该给读者的是什么？有哪些是原来没有而又是读者需要的？24 小时服务方面，台湾的诚品书店对我影响和触动比较大。24 小时开放的诚品书店成了台北的文化地标，文化服务 24 小时是有社会需要和读者需求的。那么，图书馆能否也提供全天候服务呢？在南方，人们晚上活动较多，可以给他们一个独立的阅读空间。于是在 2005 年 9 月 28 日东莞图书馆新馆开馆的同时推出了 24 小时开放的自助图书馆。图书馆 24 小时开放、读者自助服务的理念在全国是最早实现的，也是很有效的。它的成本效益也是最好的。自助图书馆 24 小时开放后受到读者热烈反响，那么以后基层图书馆怎么办呢？我们进行第二步自助服务研发，推出ATM机。这是借鉴了在2006年IFLA首尔年会上，新加坡展出的概念机。受此启发，觉得需要进一步去完善它，比如可借的图书要多一些，而且不能光借，还要能够还书。2007年底推出样机开始试运行。市领导也很支持，批示扩大试用，逐步应用到更多的社区。深圳城市发展和社会认识对ATM机的认可更高，深圳图书馆推广的力度也更大，形成了科技促进图书馆服务形态变革与下移服务的巨大社会影响。

顾晓光：ATM机在业内也有一些争议，业内的反对声音也有不少。

李东来：我更看重24小时自助服务区（注：也就是自助图书馆，它是一个相对独立的区域，内设图书、书架、阅览桌椅、图书自助借还设备等，同时配有自动检测设备、视频监控、门禁系统、报警系统等辅助设备。读者可以凭有效读者证通过门禁系统，进入区域内挑选、阅读和自主借还图书），这是我们服务功能的延伸和拓展。用什么形态、什么手段、什么样的成本效益来实现24小时自助服务，是选择的智慧，也是技术支撑能力的体现。

顾晓光：我也很看好你们的24小时自助服务区，虽然看上去空间并不算太大，但我感觉也能够满足目前的需求了。

李东来：对，当然也要从什么角度去看了。它直接可见的成本效益非常好，如果跟踪这些年的使用情况，是一个很好的研究案例，我希望我们行业应该加强此方面的投入。ATM机与自助图书馆相比会弱一些，藏书规模小，运行成本又比较高。东莞全市在推行24小时自助服务全覆盖时，我们重点推荐后一种形式。ATM 机是一种过渡性的产品，目前还是有一些存在价值，但要限定在一定范围之内，也就是要有一个“度”。李泽厚先生在做“度”的研究，在现实中，管理者更是要把握“度”，过犹不及啊。但是它是我们现阶段图书馆有益的补充，在特定地区，以一种吸引人的方式，能够起到一定的作用。宣传图书馆，扩大借阅量，不是坏事。

虽然说它是过渡性的产品，但它能够在中国的图书馆存在并得到一定的认同，确实有存在的价值。技术发展淘汰的东西太多了，比如 VCD，当年在中国多么流行，可是 DVD 时代来到后，VCD 就失去了它存在的价值。

顾晓光：是的，您这个例子举得很恰当。很有意思的是，国外大部分地区在同期并没有 VCD 的普及。

李东来：我说的就是这个意思。VCD 就是在中国大行其道，如果不合理的话，早就被淘汰了，为什么它还能存在那么长时间呢？管理者有一个现实选择的问题，IT 发展很快，我们是不是完全跟着去跑，跟得上吗？哪些技术能够落地，能够促进图书馆行业发展，我觉得更重要一些。我们总要有一个技术实现的选择，这就需要权衡，这也考验我们的智慧。

顾晓光：如何看待目前图书馆的移动服务？

李东来：由于移动环境的发展很快，所以我们要密切关注、时刻留意、适时选择。它对于我们服务形态会有一些影响，我们有常规的掌上图书馆、移动终端的无线服务形态。但是，发展太快的东西，常常会使我们眩晕，甚至迷失方向。我们应该多跟踪研究，搞清楚行业内具体的应用在哪里，然后再看技术实现。

顾晓光：RFID在东莞图书馆有应用，很多新建的馆也都在考虑是否应用，应用什么标准的RFID，像最近要开放的广州图书馆新馆，面积超过十万平方米的大馆。请您谈谈你们的应用情况以及给后来者有何建议。

李东来：我认为我们行业已经到了完全进入RFID的时间点了。2004年，我们在为2005年新馆开馆做RFID选择的时候，也想引入RFID，但没有实现。原因是我们没有那么多经费，当时一个标签也非常贵。原本想在总馆自助区域试用，但因为我们是总分馆体系，不能光考虑一个馆，全市最基本的通借通还实现不了。用条码可以解决的问题，就没有必要用RFID。

我比较认同RFID所带来的服务模式的转化，深圳图书馆新馆大规模使用RFID，取得了很好的服务效果。现在RFID已经很成型了，如果图书馆建新馆，有经费的保证，迈入一定的经济拐点，成本和效益达到平衡点，应该使用了。

至于现在选择何种标准，是高频还是超高频，已经不像刚开始的时候，认为高频更成熟。现在的超高频也是国家标准，隐藏性更好，价格也低。在不同的阶段与时间点，技术的应用和实现是不一样的。现在如何选择，一点也不难了，找几家厂商进行对比，做到成本和效益的平衡就行了。

顾晓光：现在图书馆的每一次进步，都离不开技术的驱动。

李东来：这一点，我非常同意。

顾晓光：从刚才您说的1996年IBM的数字图书馆模型，到不久后的"中国试验型数字式图书馆"，再到新世纪初的一些重要的数字图书馆国际会议，比如2002年文化部主办、国家图书馆承办的数字图书馆国际研讨会，现在数字图书馆建设已经常态化了。您个人亲历了这一系列的数字图书馆发展时期和图书馆自动化的进程，从辽宁省图书馆负责技术开发到南下东莞任馆长，从参与"中国试验型数字式图书馆"到现在的东莞学习中心，个人的成绩和整个行业的快速发展是有目共睹的。回顾这一二十年，您认为我们在技术支撑上有什么反思的地方？对于以后我们采用新技术，有什么需要借鉴的地方？

李东来：图书馆的技术应用，一是技术使用的目的，需要时刻保持清醒；二是技术能够带来的效益如何，也要保持清醒；三是技术研发以及实现的经济成本和时间成本能不能掌控得住。技术是伴随图书馆的发展并起重要标志性工具的作用，比如东莞图书馆的集群管理，就是对于资源整合、资源共享的一个很好的支撑。

在1990年代，实现集群管理在技术上是容易的，为什么没有做？当时，有好多自动化系统，症结在哪里？自行开发系统，必要的探索是值得的，但当时是百花齐放，几百家系统是有的，那么多系统，经费的投入以及浪费有多少，应该反思一下。

顾晓光：当时有现成的系统可供选择，是因为昂贵的原因，还是因为我有能力自己做，而且做得可能更好？

李东来：多种因素吧。国外系统有很大的优势，是不是适应我们的需要也是一个问题。研究型的图书馆可以去选这些系统，是不是其他类型和规模的图书馆都可以去选国外系统，也是值得探讨的。

顾晓光：在目前的环境下，自行开发还是引进系统也是一个见仁见智的事情。我觉得重庆大学图书馆是一个很好的例子，他们联合公司一起做开发，在 CALIS 成员单位中是很有特点的，有些新意在里面。

李东来：在与国外的交流来看，国内的技术人员不少，刘炜（注：上海图书馆研究员、副馆长）他们这一批人，对于新技术、新思想的掌握都很好，引领着我们行业的技术发展，我也受益良多。国内也有很多做系统开发的人才，像北大、上交大等图书馆，他们都有不错的开发人员。我以前是做技术开发的，单纯的应用和有自己参与开发的应用是不一样的，我们国内有很多这样的人员，但没有形成一种合力将其转化出来。像你刚才所说的 Marshall Breeding 先生，他是技术探索性的、前瞻引导性的，这种人其实不应该太多的，我们国内是不是这部分人多了一些。

顾晓光：这可能也是图书馆员必须要写论文而出现的一种情况，哈哈。

李东来：不是坏事儿，但是如何落地和转化，我们的评判机制还有些不够。现在这种机会越来越多了，科研经费越来越多，社会机制也越来越活了。如果能够利用起来，这些人是宝，既了解技术，又懂行业，是复合型人才。如果能够将技术转化出来，那是一笔大财富，如果没有转化出来，就是可悲的了，是一种资源的浪费。国外的很多图书馆没有这样的人才，他们是跟着公司的设计走的。

顾晓光： 广东地区的公共图书馆无论是新技术的应用还是服务推广等方面，都走在了全国的前列，您认为主要的因素是什么，比如包容开放的理念、完善的管理制度、充足的经费支撑、高素质的员工队伍？

李东来： 沿海地区确实更开放一些，也是因为有了一定的经济积累来支撑。但也并不单纯是因为经济的因素，现在很多地区的经费也不少，很多内陆地区也有了 ATM 机。经费可以保证前期实现的初步形态，继而就需要有更包容的创新和文化生存的土壤。创新没有包容的土壤是不能成行的，这是至关重要的。德国出版过一本关于文化与创新的书，讲背景因素和文化差异对于创新的影响。

顾晓光： 我挺同意这个说法。东莞或者说广东很多地区融入了各种文化，还有海洋文明的一些影响，相对也就更加包容一些。

上海图书馆吴建中馆长在东莞年会上做了一个主旨报告，提出了一个“新常态”（New Normal）的话题，这是针对西方很多国家由于经济危机，图书馆的投入增幅放缓或者出现负增长这种环境来提醒国内的同行，“高增长的时代已经过去了，我们必须适应如何在低增长或者零增长的环境中过‘紧日子’了”。我在前几天，看到英国《卫报》的一个报道（UK lost more than 200 libraries in 2012，http：//www. guardian. co. uk / books/2012/dec/10/uk - lost - 200 - l ibraries - 2012），里面说到英国现在有 4，265 家图书馆，而两年前有 4，612 家图书馆，仅在过去的一年，英国就关闭了超过200家图书馆。东莞在世界经济危机的大潮中也受到了一些影响，可能还没有影响到政府对于图书馆的投入，如果出现英国图书馆界的情况，你们有没有一个预期的准备？

李东来：我们现在抓卓越绩效管理其实也是基于现实和未来发展这样一个预期。改革开放30多年中国社会的高速发展主要是经济方面的，文化并没有同比例发展，这是需要补一些欠账的。现在文化场馆免费开放等措施就是在补欠账。我们要理直气壮地向政府争取增加文化的投入，如果争取得到，经费如何用得更好就是行业自己应该面对的问题了。文化的需求是潜在的，需要激发的。我们如果不激发、不争取，未必达到想要的效果，这就常常陷入了一种发展悖论。我们的公共文化体系直接到村一级，把设施建好后，没人来用，引发需不需要以及许多新的问题。如果连设施都没有，那么工作人员不可能配置，也就谈不上开展服务。主要还是我们看待这些问题的视角。

经济出现问题后，我们的生存环境变化了，首先还是要考虑我们行业如何生存和发展，这又回到了我们的职业基点：哪些是对社会最有价值的？还是要回到图书馆的社会性上来谈。我们的价值在哪里，是否找到了新的价值？如果我们对民众来说有新的价值体现，我认为图书馆的发展一点问题都没有。如果没有找到，该死的东西就应该死去。如果一个事物没有生命力了，自然会要转换，城市和行业的转换升级是一样的道理。

我们要发掘新的形态和增长点。建中馆长说的新常态确实重要，提醒我们充分认识行业发展的现状及态势，尤其是近些年图书馆事业的先发地区更要有清醒的认识。他也同时提出了跨越的思考。但目前我们还没有找到或者找准，要有创新的意识积极去探索、寻找。通过发展来解决自己的问题，既要认识到发展环境可能会恶劣，但也可能会变好啊。关键是我们要积极寻找到变好的那个领域。当然，公共文化服务不能无限耗费社会资源，不管处在何种形态，社会效益不好，就要及时调整。这说起来容易，实施起来却不容易，确实需要我们多加思考。

顾晓光：谈到公共文化服务不能无限耗费社会资源，我想到我们图书馆这些年有一个调整，就是很多图书馆实行365天开馆服务，包括东莞图书馆。其中比较争议的一点是在某些特定的时间段，比如国家法定节假日，有些馆的读者量并不高，造成了很大程度的浪费。当然，反对者中最重要的一点意见是图书馆并非关系到国计民生的特殊行业，图书馆员也应该享有大部分行业应有的休假权利。

李东来：我们要先弄清楚两点：一、图书馆是社会服务性行业，职业需要伴随社会而发展；二、公众在节假日需不需要文化知识消费。同时，我们也需要对图书馆的服务在数量上有一个判断，解决值不值、可行不可行的问题。在东莞图书馆，春节我们开放，虽然时间有些调整，并非朝九晚九，作了压缩，但七天长假期来图书馆的人流并不比平时的星期天少，你说社会需不需要？这是我们判断的一个基础。

我们也注意到行业内的议论，有一种说法叫“休假伦理”。这就有个比较，如果不这样比较，也是有问题的。至少在东莞图书馆，我认为我们的开馆是值得的。图书馆有没有吸引公众来图书馆的东西，如果你平时读者量就不大，节假日更不会有很多人，效益不好，资源浪费，这是另外一个问题。

顾晓光：也就是说东莞图书馆的节假日开馆在成本投入和社会效益上是平衡的，那么作为行业内的图书馆员反映呢，有没有抱怨？

李东来：不同的声音和要求肯定是有的，和谐的组织和机体就是在和而不同中演化发展的，这也是民主的真谛。特殊的付出需要特殊的补偿，我们国家也在根据发展不断完善包括“休假伦理”在内的“工作伦理”。我们主要通过节假日的补休或补贴来平衡。还有就是从什么角度来看待这些发展中的问题。中国社会的发展提高了劳动生产率，使得人们休闲时间多了，那肯定会有文化消费。对于个人来说，消费都是时间消费，因为生命是最无价的。我们如何去满足大众的文化消费，看看我们行业的宣言或者宗旨，可能会更清楚一些。至于我们自己的休假，应该向国家要政策，予以保证，并得以实现。

顾晓光：我在访问葛剑雄馆长时（详见《访谈复旦大学图书馆馆长葛剑雄先生》一文），他对于365天开馆表达了在某种程度上的反对。他的观点在微博上得到了很多图书馆员的称赞，在评论加转发的300多条中，只有少部分是支持开馆的，而且观点大多是从很多服务行业也开放来做例证。同样，图书馆的管理者也有图书馆自身发展的考虑，所以，我希望我们的学会对其会员和本行业的从业人员发出他们的声音。

李东来：在我们核心宗旨的基础上，管理者需要对读者和员工同等考虑，这是基点。但如何同等考虑，员工和读者吵架，一个是职业行为，一个是非职业行为，一个是我们的管理对象，一个是服务对象，如何进行同等处理？这是不可能各打五十大板的。通过这个例子看也许更好一些。

我坚信以后条件成熟后，可以用技术手段来实现在节假日的图书馆自助服务，不见得非要用人工来解决。目前看，我们作为社会公共服务的一部分，有条件的还是应该提供服务，如果某些地区文化消费还不浓厚，其他文化服务机构无法代替图书馆，我们应该承担这方面的责任。我觉得还是要从我们行业宗旨和社会需要来看这个问题。

顾晓光：刚才您提到平等服务，近年来，政府推出公共图书馆免费开放政策，是一个很大的进步。在有限的资源和经费中，面对不同需求的人群，如何平衡免费与平等的关系？

李东来：在免费服务政策出台之前，有李国新主持的立法研究，对公共图书馆基本服务和非基本服务有个区分界定，对于基本服务做到免费，这在政策框架上是清楚的，并非都免费。像大型公共图书馆的一些高端咨询服务，就不必要免费。基层的图书馆有没有能力去进行收费服务，也是个问题。国家出台这个免费政策，在当前环境下，特别是对于中西部基层图书馆，是一个扶持，这是利大于弊的。

在另一方面，免费的效果如何，能不能吸引更多读者，这是需要我们跟进思考的。免费不是目的，而是保证公共文化服务、扩大服务范围、提高服务效能的一种手段。我认为任何政策出台，要逐渐补充和修改，如何做到效用更大，有没有可能有其他的政策加以补充，这是需要研究的。

我们是希望社会资源更多地补充到文化服务中来，为此而进行鼓与呼，然后我们行业再通过探索实践去调整、完善，这样才会不断发展。不回避矛盾，开始出现的问题，以后我们还会有更好的方法来调整和解决。

顾晓光：您是1980年进入北京大学图书馆学系读书，现在与北大信息管理系也保持着很密切的联系。您如何看待北大教育对您的影响以及图书馆学专业和图书馆行业之间的联系？

李东来：我对东莞图书馆员工说我以北大为荣，感到很自豪，也希望他们因为我而与北大建立联系，全馆有近40来人参加北大硕士进修班学习。北大信管系对我们工作很支持，王余光主任负责的中图学会阅读推广委员会也是在东莞成立的，这次东莞年会也吸引了北大全国图书馆学博士论坛参与，这都是对我们的支持。

我希望北大信管系作为图书馆学专业的重镇，发挥出他们的高度，更好地影响行业的认知和走向。作为应用学科的专业院系，应该与实践有更加紧密的结合。在当今发展变化的时代，在某种程度上，发达地区的图书馆事业也是一个前沿阵地，有一些新的实践探索。我希望图书馆工作实践得到理性的、专业的营养的注入；同样，我也希望我们的实践能够给专业的理论研究提供更好的素材和案例，得以共同发展。

顾晓光：非常感谢您接受我的访问。

（访谈日期：2012－12－18）

李东来简介

李东来，1984年毕业于北京大学图书馆学系，分配至辽宁省图书馆工作。2002年作为高级人才引进担任东莞图书馆馆长。主要的社会职务有：北京大学兼职教授、国家公共文化服务体系建设专家委员会委员、全国文献影像技术标准化技术委员会（SAC/TC86）委员、全国图书馆技术标准化技术委员会（SAC/TC389）委员、中国图书馆学会理事、中国图书馆学会阅读推广委员会副主任、广东省图书馆学会副理事长，东莞市科技领军人才。

东莞图书馆简介

馆情概况

东莞位于中国广东省珠江三角洲，毗邻香港、深圳、广州，综合经济实力现居全国大中城市前列。东莞图书馆新馆2005年9月28日正式向市民开放，建筑面积44 654平方米，内设大陆首家漫画图书馆、全国首家自助图书馆、全国首家粤剧图书馆、衣食住行图书馆、IT图书馆、东莞书屋、台湾书屋等多个馆中馆。另在莞城区设有建筑面积为9 000余平方米的少年儿童图书馆，有玩具图书馆、亲子乐园、成长书屋、老人图书馆、自助图书馆、粤剧图书馆、阅读服务站等多个空间。

东莞图书馆坚持强调"图书馆要通过自己的工作成为社会的必需品而不是装饰品"，积极构建融合传统图书馆和数字图书馆功能的现代复合型城市中心图书馆，构建市、镇（街）、村（社区）三级结构，总馆、镇（街）分馆、村（社区、企业、学校）分馆、图书流动车服务站、24小时自助服务五种形态的图书馆公共服务体系。2012年，由于"东莞市的图书馆事业在全国处于领先地位、在国际图书馆界上有一定影响"，文化部在东莞举办图书馆界的全国盛会——2012年中国图书馆年会，成为年会引入城市承办制以来的第一个承办城市。

主题年战略

新馆建设以来，东莞图书馆立足实际，从长远规划，为实现“国内一流、国际知名”发展目标，在《东莞市图书馆新馆建设与发展规划纲要（2002—2010）》、《东莞图书馆“十二五”战略规划》指引下，坚持每年围绕一个主题全面部署工作，2003 年以来确立了“培训年、基础年、服务年、活动年、管理年、规范年、研究年、微笑年、故事年、交流年、效益年”共 11 个主题年系列工作，一步一个脚印，有重点、有亮点地开展工作，使东莞图书馆由原来 40 万册馆藏、以常规书刊借阅服务为主的普通地市级图书馆，成长为 185 万册馆藏、数字资源 50TB、年接待读者 200 多万人次的现代化城市中心图书馆。

服务创新

东莞图书馆努力探索以读者为中心的现代图书馆服务模式，提出“休闲·交互·求知”的读者需求服务理念，通过细分读者，建立“馆中馆”，不断拓展传统服务，举办讲座、培训、展览、学术交流、读者沙龙等丰富多彩的活动，开展数字资源、网上学习、阅读推广等服务，推出 24 小时自助服务、外来务工人员公益课堂、图书流动车和漫画、粤剧专题等服务项目，重视青少年、老年人、残障人士等特殊群体服务，吸引市民走进图书馆、亲近图书馆。

集群管理

东莞图书馆发挥中心图书馆作用，以集群管理模式带动全市图书馆事业发展。到 2012 年，全市已构建起 51 个分馆、102 个服务站，全市 32 个镇街实现 24 小时自助借阅服务、公共电子阅览室全覆盖，建立了较为完善的图书馆集群网络，实现了“一馆办证，多馆借书；一馆借书，多馆还书”的一体化服务；实现了图书馆在时间上 365 天每天 24 小时全天候服务，在空间上覆盖全市 32 个镇街的体系化服务。以总分馆为平台，以东莞读书节、儿童故事大王比赛等品牌活动为龙头，整合全市范围内阅读推广活动。从 2005 年起连续举办了八届东莞读书节，举办读书活动 2 300 余项，参与人数 2 280 万人次。

科研助力

东莞图书馆不断丰富服务载体和手段，利用科技创新提升服务能力。合作研发出通过国家文化部科技成果鉴定的“Interlib 图书馆集群网络管理平台”并被国内 2 600 余家图书馆广泛应用；先后推出全国首个 24 小时自助图书馆和首个“可放置于任何地方”的图书馆 ATM（图书自助服务站）；率先建设市民终身学习平台——东莞学习中心；承担的“区域图书馆整体协同发展模式及路径研究”项目为地市级图书馆首个国家社科基金项目；推出新型公共电子阅览室模式，在全国和行业内传播推广。2012 年被广东省人力资源与社会保障厅授予“广东省博士后创新实践基地”，成为国内首个招收博士后研究人员进行科研工作的地级市图书馆。

荣誉奖项

2006 年荣获国家文化部“公共文化设施管理先进单位”；

2006、2008 年两次被中国图书馆学会评为“全民阅读活动先进单位”；

2009 年成为全国首批七个“全民阅读基地”之一；

2007 年 1 月，以东莞总分馆制实践为基础形成的“区域图书馆集群管理与协同发展模式”项目被评为第二届国家文化部创新奖 15 个获奖项目之一；

2008 年 6 月，东莞图书馆获美国图书馆协会主席颁发的国际创新奖；

2011 年 12 月，被中央文明委授予“全国文明单位”称号；

2012 年 11 月，实施卓越绩效管理模式成效突出，获“东莞市政府质量奖”。

06 深圳图书馆馆长吴晞先生

1979年第一期的《图书馆学通讯》（《中国图书馆学报》的前身），曾刊载了一篇后任文化部图书馆司司长杜克先生的《我国图书馆网建设初探》。文中列举了美国俄亥俄州有600多个分馆和90多辆汽车图书馆，“平均2 500人一个分馆”，作者同时提出，“但在我国，我认为却不能走由大型图书馆广泛建立分馆这条道路。”

时隔三十多年，再看这篇文章，我感觉它并非已故前辈的妄言或者缺少高瞻远瞩的视野，而是当时百废待兴的中国之真实反映。在全球化和信息化的背景下，在我国国力整体增强的支撑下，中国的图书馆界近年来成绩斐然。成绩的背后，是众多图书馆人的不懈努力。

深圳图书馆原馆长吴晞先生即为其中有代表性的一位。他在任深圳图书馆馆长 14 年间，将深圳图书馆由一个新兴城市的小馆变成了“图书馆之城”宏大规划的龙头馆。目前，深圳“图书馆之城”已拥有600 多家图书馆和200 台城市街区 24 小时自助图书馆，这在改革开放之初的中国是很难想象的。

吴馆长是图书馆技术应用的有力推动者。无论是 RFID 还是自助图书馆，深圳图书馆都走在全国的前列。RFID 在全国应用越来越广泛的同时，自助图书馆却得到了业界同行的一些争议。作为自助图书馆项目的第一负责人和专利发明人，即使自助图书馆在深圳的使用情况甚好，吴馆长也仍能理解这些不同的观点，更不赞成在全国盲目地推广。

他认为深图较多的技术开发和应用是不得已而为之，这与深图的文化和历史积淀较弱有关。这位有着很高人文素养的管理者和学者，将自己的人文情怀用在了服务上，除了以技术应用促服务，同时还在全国率先提出了“开放、平等、免费”的理念，“服务立馆，技术强馆”。

在开放的服务理念中，他也在思考诸多业内焦点事件后的“民粹主义”思潮。图书馆不能刻意去迎合普通大众，某些看似创新的服务实则为办馆方针的错位及对文明遗产和知识传承的漠视和无知。

他特别强调不能忽视图书馆的教育职能。联合国教科文组织《公共图书馆宣言》中指出：“公共图书馆为个人和社会群体进行终身教育、自主决策、文化发展提供了基本条件”。他认为我们还没有完全发挥出开启民智的作用。在教育职能中，阅读推广是重中之重。

作为中国图书馆学会阅读推广委员会主任，他认为图书馆是社会阅读的主体，阅读推广工作要引导缺乏阅读意愿的人，训练不善于阅读的人，帮助有阅读困难的人，提供所有人阅读的便利。“目前还没有任何社会机构在阅读这一功能上可以取代图书馆”。

吴馆长热衷于图书馆学基础理论的研究。他认为理论的研究推动了我国图书馆多年来飞速的发展。他发起创立了“公共图书馆研究院”和创办了《公共图书馆》学术期刊，这也符合他以“研究先行”为圭臬的一贯思路。

他同时认为我国理论的研究和事业的发展是西化的影响使然，不能忽视外来思想的作用。无论是技术的应用还是理念的更新，我们需要向国外学习的地方还有很多。

杜克先生的这篇文章刊出时，正值吴馆长刚刚进入北京大学求学，那一代大学生意气风发，以天下为己任，竭力摆脱荒诞的宿命，不再如西西弗斯回身走向巨石，用一己之力去抗争已知的悲剧命运。他们见证和参与了中国图书馆的发展，他们对于中国图书馆的贡献担得起这个社会和时代给予的期冀和信任。

他因为身体原因，于 2012 年辞去了馆长一职，虽退离管理岗位，却也难做“无怀氏”和“葛天氏”之民，并不得闲。他还要接着完成手头的国家社会科学基金课题，履行几个职位的责任。心系图书馆是他不变的情怀。

顾晓光：请您回顾一下在北大学习和工作的情况。是什么原因，让您下决心南下深圳，担任一个新兴城市的图书馆馆长？

吴晞：现在的青年人很难想象我们这一代人在青少年

时期肚皮和精神双重饥饿的情景，这种饥饿已经成了我们终身的心结和阴影。

记得当年在河北省做插队知识青年，只有十六七岁年纪，我们这些人就像是一群觅食的老鼠，到处寻找有字迹的东西读。在村里找到一本没头没尾的旧县志，现在回想应该是清末同光年间的刻本，我们就如饥似渴读了起来，以至于至今我还能清楚记得本县从古至今都出了哪些夫死几十年誓不改嫁的贞洁烈女。

就是对这种读书的追求，使我考上了北大图书馆学系。1978年高考，我的成绩名列前茅，当时是先公布分数后填报志愿的，本来选择余地很大，但还是毫不迟疑地将北大图书馆学系作为第一志愿。上学后，发现很多同学都有共同的想法，可见要读书是我们一代人的共同愿景。有个同学说：此生有饭吃，有书读，足矣！颇得大家共鸣。当然，读了图书馆学，做了图书馆员，才明白图书馆工作和个人读书是两回事，这是后话了。

顾晓光：我特别钦佩77、78级的大学生，这些人的求学背景和经历在古今中外都是少见的。

吴晞：我们这几届毕业生的共同特点就是踌躇满志，以天下为己任，还带有几分狂狷和自不量力。记得毕业时一次聚会，有位女同学说：中国现代战争实际上就是黄埔军校的同学们在互相打仗，我们就是黄埔一期，今后图书馆的天下就是我们的！大家为之喝彩。虽是书生之见，但却难得一腔书生意气。

我毕业之后留校工作，工作、家庭都很顺利美满，我的中级、副高、正高职称都是未到年限破格提拔的，颇得领导和同事的器重和认可。1996 年调到文化部图书馆司任文献资源处处长，后来才知道，让我这个未经行政任职阶梯的人直接出任正处长，也是一种破格待遇。

1998 年，深圳图书馆（以下简称“深图”）沈迪飞老馆长面临退休。沈馆长曾在北大任课，是我的老师，他推荐我接任馆长。市文化局也希望找一位既是内行、又有行政经验的人接替馆长，于是就发函商调。当时我也颇为犹豫，因为我的家人和父母都在北京和天津这两个城市，北京又是我的出生地和事业起步的地方，确实有些舍不得。最后还是事业心占了上风，人生苦短，难得几回搏，应该在有生之年多做些力所能及的事情。

顾晓光：深圳市委市政府提出建设“图书馆之城”已有 10 年的时间了。无论从同行的眼里，还是民众的心里，认为你们取得了很大的成绩。您如何看待这 10 年的工作，在任期间还有哪些未了的心愿？

吴晞：我到深图任职前，对自己的专业能力还是信心满满的，以为自己是科班出身，又在国内一流图书馆工作多年，图书馆的十八般武艺都拿得起。但跻身公共图书馆后，发现差距还是蛮大的。

这个差距，首先不是我个人的差距，而是我们整个图书馆界的差距。我们的教科书、理论研究乃至公共图书馆界自身，都缺乏对公共图书馆的整体认识，没有令人满意的研究成果，更没有落实到公共图书馆的工作上。其实这个问题在国际上早已有共识，从《公共图书馆宣言》到 IFLA 等国际组织早就有一系列的定论，我们的公共图书馆却大多懵懵懂懂，一团乱象，政府管理部门也是政策错位。当时盛行“以文养文”，经营创收，提倡增加“造血”功能，实际上就是想方设法乱收费。对群众办证、借书设立了重重门槛，把读者分为三六九等，就像个衙门。深图在全国算是做得好、问题少的，但也不能免俗，职工奖金和本部门“创收”挂钩，全馆上下都在一门心思搞钱。

这种乱象在本世纪初年才开始好转，直至2012年文化部、财政部发文禁止图书馆、博物馆等公益文化场所收费，才算终结了全国公共图书馆以服务“创收”的局面。在这个历史进程中，深图起到了为天下先的作用，这是我为之自豪的。

早在1998年就职深图之初，我就写了《图书馆与人文关怀》一文发表在湖南《图书馆》杂志，呼吁图书馆人文价值观，介绍国际先进理念，抨击图书馆服务不平等、滥收费等不正之风。本世纪初年，国内理论界开始倡导图书馆的核心价值观，反对一些不合理的政策和做法，我也推波助澜，撰写了《天下之公器》等一系列文章，力图在理论观念上拨乱反正。2006年，深图新馆开馆，我们借此良机，大张旗鼓提出了“开放、平等、免费”的口号，在全国首先做到了服务全部免费（与我们几乎同时实行全部免费的还有杭州图书馆）。当时我们这样做还是有不少压力的，因为没有明确的政府政策，许多公共图书馆还要靠收费过日子，难免要说我们“饱汉不知饿汉饥”，“站着说话不腰痛”，但是也得到了图书馆界有识之士和市民读者的热情支持和赞誉，使我们得到鼓舞。

深圳的“图书馆之城”是全市图书馆事业发展的一个亮点。作为公共图书馆的一个特点，就是要面向基层，面向大众，面向弱势群体，“图书馆之城”建设体现了这种精神。现在全市通过考核达标的基层图书馆已经有600多家，深图还牵头建成了“深圳图书馆之城统一应用平台”，把全市图书馆联为一体。这项大工程得到市政府的大力支持和全市图书馆界同仁的一致参与，使全市人民因此而受益。

还有一项惠民的工程就是开发研制“城市街区 24 小时自助图书馆”，我们是将其作为“图书馆之城”的组成部分来进行建设的。现在全市投入服务的自助图书馆已达 200 台，深受市民欢迎。

曾有学者指出，21 世纪中国图书馆有两大成就，一是各种新技术在图书馆应用，极大改变了图书馆的面貌；二是公共图书馆免费开放，实行均等公益的方针。我深以为然。然而，新技术应用是技术领域、主要是 IT 界的引领，我们不过是跟在后面跑。所以说，近年来国内图书馆界最大的成果应该是公共图书馆界的变化，实行了开放、平等和免费的服务。回顾这一历史性转折，我和深图团队始终站在了潮头，在理论上、实践上冲锋陷阵，颇有成就感。

顾晓光：深圳作为改革开放的前沿城市，也是受惠很大的一个城市。经济繁荣促进文化的发展，虽然有些人说深圳是“文化沙漠”，但通过经济的投入，在文化的某些方面，比如图书馆，深圳是不是走在全国的前列？

吴晞：“文化沙漠”是有些刻薄了，深圳的文化发展还是很快的。但深圳是一座文化底蕴很薄弱的城市，且不要跟北京、上海比，就是和广州比，也有很大的差距。虽然我们做了很多事情，包括我在图书馆方面也做了很多努力，但文化建设需要很长时间的积累。

拿深图来说，我们硬件条件是走在全国图书馆前列，我们在自己尽可能的条件下所做的一些工作，确实也走在全国前列，比如建设“图书馆之城”、促进基层图书馆发展、开发并使用自助图书馆等新技术应用等方面。但如果作为一个好的图书馆，深图以及众多深圳地区的图书馆还有很大的差距。

顾晓光： 这个差距主要体现在哪些地方？

吴晞： 文化积淀不够。我们 1980 年代之前的图书收藏很少。以前，我们班子开会争论是否收集古籍，丰富馆藏。多数意见是不收集，买一些复印本或者通过数字化方式获得就可以，满足读者使用。虽然我本人对古籍很感兴趣，但也没有坚持收藏古籍。

我们之所以在技术的开发和应用上做得较多，实际上有不得已的原因。如果藏有大量古籍、镇馆之宝，我们会有很多事情可做；没有这些，我们只能想办法在技术上走在别人前面。如果我做其他图书馆馆长，也许不会走这条路，有很多办馆的方针可以让图书馆长久发展。

顾晓光： 上个月我参加首都图书馆百年馆庆活动，在会议上有专家说“图书馆促进社会发展，图书馆接受技术挑战”。“挑战”这个词很直接，我想到图书馆学作为一个学科，有诸如分类、编目的看家本领，但技术的发展使得我们学科的这些看家本领越来越弱势化了，使得图书馆的技术应用有越来越多非本学科独有的趋势。您觉得这种现象以后会不会更加明显？

吴晞： 这也是很无奈的，连我们系里的名字都改成信息管理系。改名的时候，我还在北大。当时我很反对，觉得把学科给改没了。这从根本上将专业往技术上靠了，依赖技术发展来建立学科，学科立足之本的东西丢掉了。这带来什么后果呢？首都图书馆倪晓健馆长很多年前讲过一个故事，在搜索引擎上敲入“信息管理”一词，一万条之后也找不到图书馆。我们图书馆招聘的时候，投递简历中符合“信息管理”专业条件的有学硬件、软件、电子商务的，就是没有图书馆学背景的，搞得我们哭笑不得。

但学科发展到今天，离开技术是不可能了。我们深图也是紧跟技术发展的。但图书馆学是一个人文社会学科，不能离开“以人为本”，不能为了技术而技术。

顾晓光：深图是国内进行新技术应用的典范，无论是ILAS还是RFID（无线射频技术）、自助图书馆等，但您以前说过“图书馆的本质是人文的，在过去和将来，它都不是什么科技产物”，刚才又谈到“不能为了技术而技术”。在技术大力推动图书馆发展的今天，技术和人文的争论中，人文又能如何去引领技术的进步？

吴晞：深图开始研制开发ILAS的时候，我还在北大供职。记得当时（1980年代末和1990年代初）曾由学校牵头，北大图书馆和计算机所合作，先后成立过两个图书馆自动化课题组，我都是课题组成员。在我们课题组里，那些搞计算机技术的专业人员是不大看好深图ILAS的，认为他们技术上是小儿科。结果，我们的项目或是无疾而终，或是通过鉴定后束之高阁，从未得到真正应用（似在北大图书馆短期试用过），而ILAS却在全国有了三千多用户，还走向了海外。

我到了深图之后，才认真面对这个问题。ILAS是文化部支持的项目，从一开始就立足于推向全国图书馆，为图书馆自动化服务，迅速实现产业化，而不是刻意在技术上取得什么成就或突破，追求什么成果。这一策略被证实是十分成功的。且举一个非技术性的例子。当时国外通行的图书馆自动化软件主要是美国的INNOPAC，售价超过30万美元，每年的维护费用还要2万美元。这个价格实际上超出了当时国内几乎所有图书馆的承受能力。而ILAS的售价最低只有5 000元人民币，因此被广泛接受。仅仅这一点，就可以说ILAS的问世使中国图书馆的自动化提前了10年到15年，因为只是近10年左右国内各大图书馆才有财力陆续使用国外的系统。

我们做公共图书馆的，时刻要有人文关怀的理念，而不是本末倒置，技术成就高于一切。再举一个我个人的例子。1990年代初期，我在北大图书馆供职，当时我们经过努力，宣布取消原有的卡片目录，全部采用机读目录（MARC）。这在全国高校图书馆是首家，我们都很以为荣耀，当时在国内图书馆界也是一件重大的事情。不久后我到美国出访，得知了另外一个故事：在美国的一家大学，当时也曾计划取消卡片目录，但是因为有几位教授从不肯使用电脑，图书馆最后决定卡片目录依然保留。两种做法，反映了两种态度，两种考量。这里且不说保留卡片目录的是非对错，毕竟现在图书馆大多已经不再使用卡片，但是美国这家大学的出发点无疑更具有人文关怀的精神，而不是技术至上主义，不是为技术而技术、为现代化而现代化。这正是我们所缺乏的。

正是基于这种考量，深图研制开发了"城市街区24小时自助图书馆"。对于这个项目的研制和使用，业界也有不少争议，有人认为我们采用最先进的技术手段，却用于最传统的纸本书刊借阅，不能体现图书馆的发展方向。对此我不能苟同。仅2012年，全市自助图书馆就借书1 053 084册，还书1 217 989册，预借135 442册，服务读者1 355 270人次。今年5月仅一个月，借书89 686册，还书105 803册，预借13 201册，接待读者115 927人次。这些数字说明什么？说明我们的自助图书馆相当于一个中等以上规模的图书馆，而且是深受市民关注和欢迎的图书馆。这样的利用效益，又有多少潜移默化、润物无声的社会影响，这才是我们应该追求的。

曾有一位女市民动情地对我们的工作人员说，自己在深圳发展不顺利，正在考虑回老家，但使用了自助图书馆这样便民的服务设施，就改变主意不走了，留下做一个深圳市民。自助图书馆项目问世后得到过多次领导表彰和各种奖项，包括胡锦涛总书记的赞扬和文化部颁发的最高荣誉“文化创新奖”和“群星奖”，但这位女市民的赞许却更令我们倍感荣耀，让我从中切实感受我们做了图书馆应该做的事情，尽了我们的社会责任，体现了图书馆的社会价值。

顾晓光：“以人为本”的理念有形无形地嵌入在众多学科中，如果老是将“以人为本”挂在嘴边，会不会让人感觉有些“无奈辩护”？

吴晞：从技术本身来讲，确实不能老以“以人为本”做说辞。图书馆分很多种，公共图书馆比较不一样。它是一个社会公益文化机构。

顾晓光：它面对每一个个体。

吴晞：不能离开为公共服务这个原则。我们建深图新馆时，有人提过一个方案，一进大厅便有大量电脑进行多媒体展示，能够让大家感受新技术的魅力。这个想法很好，但我还是反对。我们不能摆出一副吓唬人的架势，要让老百姓感到很亲切，有文化的可以来，没文化的也可以来；骄傲的可以来，自卑的也可以来。它对民众要有亲和力。当时，深圳有位书法家送我们一幅字：谈笑有鸿儒，往来无白丁。我说这不行，既欢迎鸿儒，也欢迎白丁，尤其要加强白丁的服务。本来书法家很得意，觉得很高雅，但我们觉得不能充高雅，要特别面对那些弱势的、没有多少途径阅读的群体。他们很依赖我们，我们也要吸引他们来，这才是我们应该做的事情。

顾晓光：这样来说，图书馆能不能通过企业运作的方式来做？我们有现成的资源，通过技术的应用和更加有效的管理来运营图书馆。

吴晞：我看到日本的一些图书馆外包给企业，政府以前给图书馆投入多少，然后转给企业来办。这种外包式服务有它的道理，是不是成为趋势，还需要假以时日。虽然日本有这样的例子，但还不是一个潮流。

另外，图书馆还是有很强的专业性，但我们的专业性没有得到广泛的认可。如果让我去医院当院长，我就不敢去，因为我不懂专业。但如果派个人来当图书馆馆长，专业上就没有那么高要求了。现在有些城市还搞干部轮换制，把文化馆馆长换到图书馆做馆长，把图书馆馆长换到博物馆去。任期超过多少年需要轮换，这在机关里有合理性，对干部和工作都有好处，但不适合专业性工作。

这就看出我们学科和专业性没有得到社会承认，同时我们的教育又不断脱离图书馆本身。有些大学的专业学生大多都不去图书馆工作。我离开高校很多年了，他们也有无奈的地方，也有合理的地方。

顾晓光：您在2000年时，曾经说过“公共图书馆要不要建成研究型的图书馆，这是个有争议的问题”，并提出“我们（深图）必须担负起研究图书馆的使命”。经过10多年的

发展，您认为深图在推行研究图书馆战略上有哪些经验？

吴晞：从数量上看，全国县以上公共图书馆有三四千家，大多是基层图书馆，这些图书馆要不要办成研究型图书馆，我不能肯定；可以肯定的是，像深图这样的大型地区中心型公共图书馆，是一定要担负起研究图书馆的使命的。

我多次说过，在当今社会，要进行某种程度的研究，或系统学习掌握一门知识，就要学会利用图书馆这个最好的场所，因为只有图书馆才具有完备的文献体系和系统的文献服务。人们常说“站在巨人肩膀上”，这个“肩膀”就是前人的成果，就是文献，就是图书馆。

举例讲，如果某一学科或专题的有关文献有100篇，其研究者或学习者至少要掌握其中的80篇，还不能遗漏核心文献，才算得上有起码的了解，才算入门。哪里去找这80篇文献呢？社会上只有图书馆才能提供这样的文献保障。书店能否完成这样的功能呢？不能。书店只能提供当年及近年的新书，甚至只是有销路的新书，不会系统地按照学科、专题来收集和积累文献，也不会提供卖不出去的书刊。上网浏览检索固然可以获得大量信息，但属未经筛选，垃圾信息充斥，个人往往没有能力甄别利用。凭借个人的收藏和私人途径能否建立起这样的文献保障体系呢？应该承认，历朝历代的私家藏书曾经起到过非常积极的历史作用，为文化传承、文献保存和文献研究作出过不可替代的重大贡献，许多重要的学术成果也是以此为依托完成的。但毕竟时代不同了，藏书家的时代已经过去了。远在两千多年前的古代社会，对文献数量最为夸张的形容不过是“学富五车”、“汗牛充栋”。即使当时的文献总量如此有限，孔子还要“问礼”于“周藏室”（周王朝的国家图书馆），亚里士多德还要借助“学园图书馆”。可以说，面对今天的出版量和社会信息量，凭借个人的力量已经不可能建立起完备系统的文献收藏，只能依靠社会化的分工，也就是依靠图书馆及其他社会文献机构。这就如同生病要找医生，上医院，寻求专业帮助，靠个人买些感冒胶囊之类的只能对付一些头疼脑热的小毛病。

进入网络化、数字化时代之后，图书馆独特的、不可替代的社会作用非但没有减弱，反而更加强化、更加突出了。图书馆为我们提供了丰富实用的数字资源，图书馆收藏和提供各种的数据库，如同图书馆的藏书一样，是经过精挑细选和专业化整理揭示的，因此是最重要、最实用、最具价值的信息资源，而且大都是免费提供使用的。无论是普通读书人，还是读书治学者，图书馆数字资源都是基本资源和首要选择。

特别要指出的是，即使你所在的图书馆数据库不够齐备，使用者另有需求，现在图书馆大都可以通过各种图书馆协作关系和资源共享平台，联系利用其他图书馆的数据资源，这些服务都是无偿提供的。以深圳为例，深图和深圳大学城图书馆、深圳大学图书馆这几家本市数字文献收藏最为丰富的图书馆一起，建立了“深圳文献港”，可以相互利用各自的馆藏数字资源；而大学城图书馆又是CALIS成员，我们也可以利用这个平台的文献。此外，我们和大陆各大图书馆、港澳地区图书馆及国外文献机构都有各种各样的业务关系，可以实时利用他们的数字收藏。这样一来，“研究型公共图书馆”的门槛就大大降低了，许多具备条件的基层图书馆也同样可以开展研究型服务。

建立在数字文献基础上的研究型图书馆的好处是不言而喻的。有个历史学研究者就说过，只要学会利用各种数据库，每个研究者在占有资料上都可达到陈寅恪先生的水平。这是深得个中三昧者之言，也给公共图书馆发展提供了方向，就是在数字图书馆的基础上建设学习型、研究型图书馆。

顾晓光： 我们图书馆学专业中在不同时期出现过“整理说”、“要素说”、“机构说”等理论，到后来周文俊老师提出“文献交流”的思想，图书馆学的研究经历了很大的变化。新世纪以来，很多人开始认同一个图书馆作为公民“第三空间”的观点，图书馆利用物理空间和馆藏资源的优势，来建立一个文化氛围的场所。在传统文献资源的利用日渐式微的情况下，图书馆越来越多地利用非传统图书馆的服务方式来进行服务，甚至有去纸质图书化的趋势。在图书馆独有物理空间优势的情况下，我们的图书馆还是图书馆吗？

吴晞： 你这是两个问题。一个是基础理论。我深深感受到21世纪的基础理论有了更为深入的研究，比如2005年湖南《图书馆》杂志推出的“21世纪新图书馆运动”论坛，在理论上做出了很大的突破。按说也没有什么新东西，《公共图书馆宣言》早就讲了，国外也已说了、做了有多年。但将其介绍到中国来，为其鼓与呼，并形成公共图书馆今天的局面，还是起到前锋的作用。

七八年前，我们的公共图书馆还存在收费、设门槛这样的举措，很多馆长也没有开放的理念。在上世纪末到本世纪初，基础理论的研究者，包括我在内，还是推动了图书馆事业很大的发展。刚才你说的以前学者提出的基础理论，包括周文俊老师的“文献交流引论”，最核心的东西还没有过时。

另一方面，现在资源多样化，人们不再依赖图书馆，这是一个事实，包括你和我在内。我们查找资源的时候，首先想到的是通过互联网，这和我以前一有问题就钻进书库里是类似的。但是人们总是需要一个物理空间，即使你掌握了全面的信息检索技术、数字文献利用技术，但你还会有一个书房。如果你没有，可能也希望设计一个理想中的书房。

顾晓光：是的，在数字大潮下，我购买纸质书却越来越多。

吴晞：在自己的书房中，琳琅满目，这和拿个手机查东西是两个概念。对于城市来说，也是如此。城市的公共图书馆是一个文化象征，在其中，我们可以查阅传统资源，也可以浏览网络资源。在1980年代，信息技术刚刚兴起，美国超过70%的民众（具体数据记不清了）是通过图书馆掌握了相关的新技术应用，包括后来的互联网。我在文化部的时候，曾经提过一个口号"图书馆带你步入信息社会"，得到领导认可，他们现在还在用。我们面对的公众是参差不齐的，我们有责任让没有其他途径学习的人逐渐掌握利用新技术的本领。从这方面说，仅仅着眼资源建设是不够的。

顾晓光：您刚才讲的基础理论的研究和传播，直接影响到政府的决策，使得这几年公共图书馆有了很大的变化。从另外一个侧面来看，这段时期和互联网的发展，包括Web 2.0的广泛使用是同步的。2.0的理念本身就具有开放、平等、共建、共享的特点。我们同时也受惠于互联网的发展带来理念上的更新。

从这个角度，我想到一个您和一些学者以前都持有的观点。大意是中国百年来公共图书馆的发展，是全盘西化的落地，甚至很难有什么中国特色。当然，既然在中国，肯定有中国化的成分在其中，但并不明显，基本上是理论的移植。现在您是否还坚持这个观点？

吴晞：是。中国的书籍历史非常灿烂，文化遗产也非常丰富。从这方面讲，我们比西方大多数国家要有优势。但今天我们所说的“图书馆”就是舶来品，是西方的产物。我们近代图书馆的产生、发展就是移植过来的，不是继承了诸如天一阁、文渊阁这样的藏书楼。

我在1990年代就发表过这个观点，很多人反对，说我无视我们的文化遗产。我说你们没有把我的文章看明白，如果看明白了，就不会这样说了。这个观点也没有什么奇怪的，我们现在使用的东西大多是舶来品，小到身上穿的衣服，大到像共和国这样的国家体制也是西方的。我们的图书馆会受一些传统的影响，我们的目录学以及关于文献学的研究，对于今天的图书馆还有指导作用，但和今天的图书馆学和图书馆体制是两回事情。

顾晓光：关于目录学和文献学研究，在1949年前后，我们的图书馆管理者和学者很多是传统的文献学家、目录学家，像王重民、向达、顾廷龙等先生。他们在其他学界和社会上有一定的影响力，而且在近代图书馆的发展起到很大的作用。当然也有像刘国钧、袁同礼等先生这样的图书馆学专业出身的学者和管理者。但现在我们的图书馆的从业者和学者在社会影响力方面感觉弱了，西方图书馆界这种现象也是这样。您认为这是什么原因，是图书馆行业更加独立了？

吴晞：刚才说近代图书馆是舶来品，像刘国钧、袁同礼等先生，他们就是将西方的东西介绍到中国来，刘国钧依照杜威分类法，编了中国图书分类法，虽然很了不起，但体系是杜威的。让他们超越国外的同行是很难的，我们不能苛求他们。但像王重民这样的学者，研究中国文化，国外学者很难超越。

知名学者做图书馆馆长，以前国家图书馆馆长任继愈先生算一位。在高校，有名望的教授担任馆长的现象较多，我觉得这不是一个坏事。图书馆本身是开放的，也许其他行业的人对图书馆的理解更深入一些，也许能另辟蹊径。深圳有《深圳经济特区公共图书馆条例》，其中有设立图书馆员职业资格认证制度。市级图书馆馆长必须有图书馆的副研究馆员职称，或有五年以上图书馆工作资历，这样的规定在全国并不多见。

顾晓光：您认为我们图书馆的发展和中国整体的发展相比，是同步的，还是超前的？

吴晞：在深圳，可能是超前的。“图书馆之城”正式认可的图书馆就有600多家，而且都是达到一定指标的。在西方国家，这也是很高的数字。我们还有200台自助图书馆，再加上鼓励民间图书馆的投入，而且，深圳离香港近，很多地方都要和香港去比较。所以深圳地区的图书馆发展还是很快的。

不太了解具体的情况。在全国范围内，大型图书馆的建设是非常突出的，这几年出现了像广州图书馆、湖北省图书馆这样单体面积超10万平方米的图书馆，在世界范围内都是很少见的。虽然现在的理念并不是非要建大馆，要多在基层馆上投入，但这也是社会发展的象征。

我们公共图书馆的发展让美国同行很羡慕，这几年美国关闭了一些图书馆，规模缩减、购书费缩减、人员缩减。

顾晓光：我们之前经常说古希腊时期托勒密王朝的埃及亚历山大图书馆毁于大火，现在有一篇文章

（http：//io9. com/the – great – library – at – alexandria – was

- destroyed - by - budget - 1442659066）有了新的说法。作者认为亚历山大图书馆的衰亡直接原因并非意外的大火，而是当政者对其经费投入上的削减使之慢慢衰落。

英文中有个词叫 furlough，大意是强迫性无薪放假，如果再严重点，就是临时解雇。美国国会图书馆今年曾经要求馆员每人 furlough 三天，以应对经济危机。

吴晞：美国各州图书馆的政策不一，有的好些，有的就不行。上海图书馆吴建中馆长曾经说过，中国图书馆发展的黄金时期已经到顶了，很快就会走下坡。我觉得有道理。现在惯性还在，但往后不会再有这么快的发展。

顾晓光：是的。这也与国际上整个行业高速发展有关，比如数字图书馆的广泛应用和信息时代的到来，也借助中国城市化、城镇化建设的大规模投入。这让政府有了投入的理由。

吴晞：我们有很好的项目能够让领导承认，让社会承认，那就容易做得成。“图书馆之城”也是这样一个例子。我现在还有很多想法，碍于精力不够，已经很难去做了。领导认为我们是文化人，对我们有种天然的信任感，有助于我们去工作。

顾晓光：刚才您谈了一些对图书馆发展的认识和思考，我想再请您评论几个这些年来图书馆界一些细小举措的变化，有代表性，也有一些争议。比如，我看到过一位读者在微博上抱怨深图，大意是在南方某个图书馆借书都不要钱的，而跑到深圳后，要先交钱才能借书（100 - 300 元不等），并认为此做法为“权力寻租”。您如何看待这位读者的抱怨？

吴晞：此事缘起于某些图书馆近期出台的“服务创新”：免收借书证押金。我多次表示对此不敢苟同。

本世纪以来，中国的公共图书馆进入了全面免费的时代。免费服务在公共图书馆近乎“天条”，蔚成一时风气。恰如有的学者指出，这是本世纪中国图书馆、尤其是公共图书馆事业发展最为重大的进步和最为丰硕的成果。我本人和我所供职的深图就是其首倡者和积极推动者。

真理超越半步，往往就是谬误，就陷误区。孔子说“过犹不及”，也是这个意思。当今某些公共图书馆推行借书证免收押金，并自诩为“服务创新”，就超越了图书馆的底线。各行各业都有自己的底线，而图书馆的底线之一，就是其藏书。建设藏书，保护藏书，进而汇聚知识，传承文明，是图书馆最为重要的天职，是图书馆之所以成为图书馆的本质特征。图书馆的这种功用被卡尔·波普尔称为“世界三”，国人也有“诗书继世长”的优良文化传统。图书馆的任何行为，都不能以损害其藏书为代价。

当今某些公共图书馆实行的借书证免押金政策，恰恰是以“借书不还”为代价的。某些地方领导甚至明确表态，由此造成的图书馆书刊丢失损失全部由财政增拨款项买单。在他们眼中，这是一项“惠民”的好事，如同是在给市民开粥厂、派红包、发利是，图书馆书刊的损失可以用金钱来补偿，馆藏的文献也是可以作为福利赠送给市民的。这是图书馆办馆方针的错位，也是对文明遗产和知识传承的漠视和无知。

图书馆收取押金来确保藏书免受损失，不是唯一的方式，甚至也不是最佳的方式。在高校和其他一些有固定读者群的图书馆，就无需用钱来做抵押。在香港和许多西方国家的公共图书馆，都是不收取借书押金的，居民诚信本身就是担保。但是在公民信用制度远未建立的我国大多数地方，如果不是寻求建立可以取代押金的担保制度，而是不惜损失图书馆的文献收藏，去搞此类“服务创新”，则有悖于图书馆的宗旨。

在一些公共图书馆，尤其是基层图书馆和社区图书馆，把多余的藏书廉价售给居民，甚至免费赠送，都是允许的，这也是西方社区图书馆常见的做法。但是无论如何，不能容忍“借书不还”，不能让那些品行有亏、需要教育惩戒的人享受这一“福利”，而让广大遵纪守法的公民蒙受由此带来的损失，如加大财政开支、损失公共文献收藏。就算是派红包、发利是，也要有个公平合理的发放途径和发放标准，不能混乱无序，更不能恶人先得。

我十分赞赏吴建中馆长的说法，公共图书馆发展是有最低纲领和最高纲领的：最低纲领是实现社会公正包容的使命，确保为每一个公民提供公平的服务；最高纲领是提供知识服务，为各界人士自由交流信息、共享人类知识提供一个信息化环境。这也是当前图书馆发展的两大目标、两大使命。我觉得，这两个纲领不是孰先孰后的关系，而是要并行不悖，齐头并进，图书馆方能健康发展。而图书馆藏书的齐备健全、保存完好，则是最基本的条件，尤其是实施知识信息服务这一“最高纲领”的前提和保障。

顾晓光：还有一个话题是杭州图书馆的“乞丐事件”，它成了少有的关于图书馆的社会话题。其中有两种观点，一种是主流的，一片叫好声，这体现了图书馆的开放和平等。另一种声音在思考此事件体现出的平等和公平的问题。平等和公平看似很像，但实质上，我们在推广平等的同时，可能丧失了公平。这种观点并非否认杭图对此事的做法，而是借此事来思考公共图书馆对读者的态度。在某种程度上说，平等和公平是相悖的，平等会以牺牲公平作为代价，公平又会引发不平等的现象出现。

吴晞：现在有一种“民粹主义”的思潮，我们图书馆界也存在这种思潮。我对一位学者开玩笑说他就是在宣扬“民粹主义”，图书馆不是收容所。杭图这件事情从本质上说是对的。我们宣扬图书馆平等这么多年，连乞丐都不让进实在说不过去。读书人都是平等的，不论什么阶层。我也曾写文章赞成此事。

但我们公共图书馆现在忽略了“教化”的责任。我提这个，有学者就反对，他们就说你把读者分成三六九等。我在图书馆就要求读者不能穿拖鞋、背心。我们做事情要有个样子，读书就要有个读书的样子，图书馆也要为提高民众的文化水平和精神培养作点贡献，至少也要培养一些文明的习惯。

顾晓光：这也是尊重其他读者的做法。

吴晞：是这样。图书馆的教育职能还是不应该否定的。台湾地区的图书馆归“教育部”管理，这样它的教育职能就非常明确。它是教育的一部分，民众通过在图书馆读书来实现图书馆的社会教育、终身教育的职能。我们的图书馆归文化部门管理，它的教育职能就淡化了，属于文化活动的一部分。

顾晓光：在做复旦大学图书馆葛剑雄馆长访谈（注：本刊 2012 年第八期）时，我引用了一个例子：有位深圳市民去深图，结果深图由于检修而没有开放，他在微博上表现出不满。就此，我请葛先生谈了他的看法。您怎么看待公共图书馆 365 天开放？

吴晞：我不知道这位读者指的是哪件事，似乎深图从未因检修而关门，只是每逢周一例行闭馆。我很赞成葛馆长在访谈中的观点，不应强求图书馆365天开放，尤其是不必在法定节假日开门。

深图一直实行每周一例行闭馆的制度。很多时候有压力，来自领导，来自读者，也来自那些大力宣扬365天开放的某些图书馆。但每周有一天缓冲是十分必要的，馆员要轮休，设备要检修，就是组织全馆职工活动也要有个完整的时间。我们有200台自助图书馆全年24小时开放，同时我们协调全市各区图书馆，不要都是周一闭馆，时间错开，满足读者借阅需求应该不成问题。

节假日闭馆制度也是必要的，国外图书馆大多如此，但我们很难实行。这主要在于公共图书馆受文化局统辖，属于文化系统，而这个“文艺界”在节假日是最为忙碌的，主要演出和文艺活动都集中在此期间，各个文艺团体和机关领导干部在节假日加班是常态。他们不认为同在文化系统的图书馆有什么特殊的地方，公共图书馆理应为假日文化繁荣作出贡献。

顾晓光：您和葛先生一样，都是在之前全开放的情形下，顶住压力，转为实行部分时段闭馆的。我将葛先生的观点发在微博上，几乎是一边倒地支持他。这条微博被转发了300多次，转发的人大多是图书馆员。我们的研究者和管理者都在倡导“以人为本”的理念，这里面既要以“读者”为本，也要以“图书馆员”为本，而对于后者，我们的很多管理者做得有失偏颇。

现在深圳已经有200台自助图书馆，但对于这个设备的使用，您前面也提到在业内有不少争论，特别是在书社会（http：//librarysalon. com）有个集中的讨论。

吴晞：它在深圳的使用情况不错，市民欢迎，达到了我们的目的。我也理解很多不同的观点，包括认为这是逆图书馆发展潮流的做法。但是从我前面提到的自助图书馆利用数据看，民众对它的需求也是非常大的，这就是最好的理由。

顾晓光：还有一种说法是，自助图书馆只适合像深圳这样经济发展较好的城市，不具有普遍适用性。

吴晞：我同意，不主张盲目地宣传。现在的宣传不是我们的本意，经济不发达地区使用它，不是什么好事情。还有，很多来深圳考察的其他地方文化局领导、图书馆馆长都对它的原理、网络结构不清楚，更不知道用什么平台来支撑、如何将资源通用起来、物流怎么管理，只是觉得这是个好东西，就拍板购买。如果图书馆没有充分调研就投入使用，我就非常害怕，怕他们花了钱却使用不佳。

虽然我不赞成盲目地推广，对于深圳来说，它确实是一个好东西。

顾晓光：自助借还机是中国首创的，主要的应用也在中国，包括台湾地区也有。最近我看到一个新闻很有意思，美国也开始使用这类设备，但与中国的情况相反，他们是没有钱盖实体新馆，用它来替代。

吴晞：把自助图书馆说成是图书借还机是贬低它了，它是一个图书馆，通过它，读者可以预借、OPAC 查询、办证等，图书馆很多功能都可以实现。我们当时不知道费了多少苦心来设计。

顾晓光：新世纪以来，图书馆面临的机遇和挑战一直是业内的焦点话题。对于图书馆来讲，无论是“最好的时代”还是“最坏的时代”，“天下之公器”的地位受到了互联网资源的冲击，也受惠于互联网技术的发展。您如何看待Google和Amazon这样的互联网“私器”在“开放、平等、免费”方面对于“公器”的挑战？

吴晞：“最好的时代，最坏的时代”，是大文豪狄更斯在《双城记》中的名言，是英国维多利亚时代社会急剧发展、各种矛盾突出爆发的写照。现在人们喜爱引用这番话，是因为我们今天的社会与之颇有几分相似。

我觉得，今天的社会阅读、尤其是图书馆阅读，也是“最好的时代，最坏的时代”，根源都在于以IT技术为代表的各种新技术的涌现并在阅读领域大量应用。其表现，一方面是新技术极大地扩大了阅读的领域，资源极大丰富，获取极大方便，检索、利用手段日新月异，给图书馆乃至整个社会带来深刻变化，这是我们的前辈图书馆人不曾遇有的大好形势和发展机遇。另一方面，也给与阅读相关的出版界、书店和图书馆等机构带来危机。你所说的Google和Amazon带来的风波只是一个方面，这种新技术的冲击是全面的、总体的、带有根本性质的。由于读者阅读习惯的改变，社会信息渠道日益多样化，读者对图书馆的依赖程度降低甚至流失，使图书馆有了消亡的危机。近来业界出现过许多悲观的论点，甚至提出为图书馆做“尸检”（尸体解剖）。恰如“成也萧何，败也萧何”，新技术是一把最好的和最坏的双刃剑。

如果说“尸检”之类的说法还有些危言耸听，还不那么迫在眉睫的话，一些十分迫切的问题，如纸本资源收藏与否、传统文献与数字文献的关系、比例问题，就很现实地摆在图书馆面前，使我们不得不面对，不得不拿出解决的思路、方案。

在这个问题上，国内图书馆界有着截然不同的看法，并出现了一南一北两大大腕级的代表人物。一位是北京的国家科学图书馆张晓林馆长，他多年大力倡导“电子文献先行（e-first）”，“网络先行（i-first）”，有人说他恨不能将所有纸质文献请出图书馆。另一位是广东中山大学图书馆程焕文馆长，他的宗旨是“保留一切有价值的纸片”，恪守纸质文献的核心地位。

那么，这两位大腕儿，我们到底应该听谁的呢？我历来主张两点：一是思想要激进，认识要超前；二是行动要保守，尤其是涉及采取到破坏现有资源和模式的措施，一定要缓行、慢行、三思而后行，或者说一慢二看三缓行。

我个人一直是图书馆现代化技术的鼓吹者，我所供职的深图也一直走在图书馆现代化技术的前列。但是遇到具体问题，就一定要采取慎重的态度。例如选择数字阅读还是纸本阅读，在个人来说是各有所好、见仁见智的事，但对图书馆就不一样了，因为涉及图书馆的馆藏模式和服务方针这样的根本大计，必须要有清醒认识和正确对策。因此，我们采取的对策是：图书馆数字化的发展方向是明确的，但目前图书馆的纸本文献仍然是不可缺少的。

这样讲主要是基于以下两个很现实的因素，或者说是非学理性因素：

1. 社会纸质文献资源极为丰富，还没有被数字文献完全取代。图书馆有“传承文明”的社会责任，要为后人留下完整全面的文化遗产，因此不能舍弃纸本资源。

2. 读者对纸质文献的需求很大，尤其是公共图书馆，我们不能忽略普通读者尤其是底层民众对传统文献的现实需求。

后者涉及图书馆的人文关怀，因此必须强调，不可漠视。

顾晓光：上个月有篇文章（http：//www.oclc.org/research/news/2013/10－01a.html），分析一百多家高校图书馆的馆藏流通情况，数据来源于 OCLC－OhioLINK 相互协作的馆藏和流通分析项目，颠覆了以前我们所熟知的文献二八律，里面提到 7.2％的馆藏占到了 80％的流通量。还有一个数据同样让我很吃惊，80％的馆藏在一年内没有任何借阅。纸质资源流通量的下降在高校馆较为明显，在公共馆情况如何？

吴晞：变化不明显，深图纸本文献的借阅量还是非常高的。但是它被其他文献所代替是一件必然的事情。

我上半年在美国住过一段时间，发现 Kindle 非常普及，远远超出我的想象，价格也不贵。去年，Kindle 的电子书销量超过了纸本书，有人认为这是一个拐点。

顾晓光：前几天，Kindle 推出了一个计划：Kindle First，读者可以现在购买并提前一月阅读新出版的图书，购买价格一律 1.99 美元，Kindle Prime 用户可每月挑选一本免费阅读，其余用户可用 1.99 美元购买一本阅读。以前，它还有一个政策：Kindle MatchBook，读者如果买了指定的图书，可以以免费、0.99、1.99、2.99 美元的价格购买电子版。

您曾经说过“让阅读回归图书馆学的主流领域，让图书馆学重新审视阅读在学科中的重要位置，是一代学人的责任，更是图书馆工作的迫切需要”，图书馆在阅读推广实践上有没有误区或者偏差？需不需要图书馆去进行阅读推广启蒙？

吴晞：在2009年中图学会换届大会上，我被推选为阅读推广委员会主任。我出任这个职位，纯属“赶鸭子上架”。前届主任是北大王余光教授，他是多年从事经典文献和经典阅读研究的专家，也是这个委员会的创办人。当时我是副主任，又和余光教授是老朋友、师兄弟，给他唱唱配角，敲敲边鼓，倒是蛮合适的。换届时，规定各位副理事长都不再担任各专业委员会主任，余光教授自然也不例外，于是我这个对此本无研究造诣的副主任就被“扶正”了。

改唱主角后，工作十分忙碌辛劳，要跑到全国各地参加会议，组织活动，但也确有收获，确有所悟。所悟者，主要有两点：一是阅读推广应是图书馆学和图书馆工作的主流领域之一，多年来受到不应有的忽略，这就如同我初到公共图书馆界的感受一样；二是全社会和广大读者确实需要图书馆阅读推广，其重要性和社会效益不可小视。

先说图书馆学和图书馆工作。图书馆界的权威文件，如《公共图书馆宣言》，《中国图书馆服务宣言》，IFLA的相关宣言、决议、文件等，都把推进社会阅读、建立学习型社会作为宗旨、圭臬。这种精神是一以贯之的，涉及图书馆的核心价值和核心理念。这样重要的领域，我们的学科研究怎能是空白?

再从图书馆工作的角度看。有专家指出，“融合趋势”或是“综合发展趋势”（Development of Metropolitan Libraries）是今后图书馆发展的主流。这点现在已经是共识，而且已经被实践所验证。什么是“综合趋势”或“融合趋势”? 通俗地解释，就是今后的图书馆不可能再按照老模式运作，满足于每日借借还还，看摊守点，必须全方位、多方面地开展工作，必须要做那些不是传统图书馆工作的事情，做那些似乎是其他部门做的事情。我们既是图书馆，又是信息资源集散地（ICP），还是学校、展览馆、博物馆、音乐厅、文化讲坛、影视观摩厅、新书推介中心、学术交流场所、新技术体验中心，等等。只有这样，才能丰富和拓展图书馆的服务内容，提升和强化图书馆的服务品质，增强和扩大图书馆的服务影响。这种“融合趋势”或是“综合发展趋势”，主要就是通过阅读推广工作来实现的。

应该说，通过我们的不懈努力，现在形势有了很大的好转，不仅全国各地以图书馆为主体的社会阅读活动轰轰烈烈开展起来了，理论研究也跟了上来，而且发展态势也不错。我领衔申报的有关公共图书馆阅读推广的国家社科基金课题，已经获批。今年（2013 年度）国家社科基金资助立项的课题中，阅读推广的课题破天荒地占到 9 个之多，而在 2011 年只有 1 个，2012 年只有 3 个。成绩很是喜人，前景十分看好。

另一方面，我们的社会和广大读者也需要和欢迎图书馆的阅读推广。

全民阅读活动并不是图书馆一家的事情，但是我们还是要强调，图书馆是社会阅读的主体，要承担起独有的社会责任，完成他人不可替代的历史使命。为什么要这样讲？阅读虽然多种多样，但是我们还是要提倡深入的、学习型的阅读，通过阅读全面系统地掌握知识，而知识就是力量，穷则丰富人生，达则改造社会。即使是大众型、消遣性阅读，也要提倡多读书、会读书、读好书，通过有计划、有系统地读书，创建健康有益的文化生活。要进行深入系统的阅读，完整全面地掌握知识，图书馆是最好的场所，甚至是唯一的场所。只有图书馆，才具有完备的文献资源保障体系，才能为读书人提供全面系统的文献服务；也只有在图书馆，才能领略到完整的科学知识体系和全部的人类文化遗产，从而站在巨人的肩膀上来看这个世界。进入网络数字时代就更是如此，图书馆收藏的数据库集合成为不可或缺的社会主要资源。

当前理论界有人反对“深阅读”和“浅阅读”，或“读好书”的说法，认为图书馆工作者应该保持中立的立场，不干涉读者的阅读自由。此说当然有道理，读书没有高下之分，图书馆不应该排斥消遣性阅读，或是所谓的浅阅读，要提倡开卷有益，保障大众的阅读权利。但是我们必须清楚，在大众性阅读当中，图书馆同样也是最好的场所。这点和精英阅读、学习型阅读没有什么大的不同。即使是阅读《西游记》，也要读完全本，不能只看电视剧或《大话西游》；即使是读武侠小说，也要按照“飞雪连天射白鹿，笑书神侠倚碧鸳”的目录通读一遍，才算得上是初级的“金庸迷”、“武侠迷”。社会阅读中的诸多不良现象，我们也不能坐视其蔓延，如娱乐至死，不娱乐毋宁死，为应试教育读书，不唯功利不读书，等等。目前还没有任何社会机构在阅读这一功能上可以取代图书馆。

具体说来，我们的图书馆阅读推广工作要引导那些缺乏阅读意愿的人，感受阅读的魅力，享受阅读的乐趣；训练那些不善于阅读的人，包括少年儿童，使他们学会阅读；帮助那些阅读困难人群，包括残障人士，提供相关的帮助；更重要的是服务，对所有的读者、所有的市民，包括高层次专业人士，提供阅读的便利。这样的阅读推广活动，自然会受到社会各阶层人士的欢迎。

顾晓光：如您之前所说，图书馆有教育的职能。

吴晞：我们在做中国图书馆学会阅读委员会时，以前叫“科普与阅读指导委员会”，现在改为阅读推广委员会，这个更名是对的，但不能推卸你指导阅读的责任。毕竟我们比一般民众多接触了一些书，多掌握了一些文献专业的知识，我们有责任将我们的所知所想和经验告诉他们。最近有书是否有好坏的争论，毕竟书还是有值得推荐和不值得推荐之分的，经过专家遴选推荐给大家一些好书，至于他读什么是他的选择。人的一生中能读的书有限，应该读些好书。就像吃饭一样，我们一生中吃饭的次数是可以计算出来的，如果再多吃些垃圾食品，就不好了。营养学家总要告诉大家什么是垃圾食品，什么是健康食品吧。

顾晓光：您参与创立的“公共图书馆研究院”已经成立近四年了，成立研究院的初衷是什么？这几年来的发展达到您的预期了吗？公共图书馆作为社会服务机构，“为政府决策和法律法规制定提供研究依据”和“向全社会宣扬公共图书馆行业价值、提升行业影响力”在目前的发展阶段显得尤其重要，您认为当前我们公共图书馆的管理者和学者在这方面的成绩如何？

吴晞：我多年来信奉和恪守“研究先行”的宗旨，凡大事、大决策均要有研究作基础。但在公共图书馆界，“研究”恰恰是其短板，经常遇事拍脑袋、跟风，或是领导说什么是什么。仅仅看图书馆自动化、数字化一事，就走了多少弯路，花费了多少冤枉钱，皆因缺少基本的研究。

当初创办“公共图书馆研究院”的起因就是想在公共图书馆界提倡研究之风，也向全社会宣传推介公共图书馆。研究院成立后，得到许多前辈长者和业界精英的大力支持。第二年我们起草了《中国公共图书馆发展蓝皮书（2010）》，可以说是该年度关于公共图书馆研究的集大成者。

我曾经设想为“公共图书馆研究院”这样独立于政府的半民间研究机构找到一个长久发展的路子，但由于生病和卸任，原有的许多设想没有办法完成。现在有关的研究工作主要由我担任主编的《公共图书馆》杂志承担。

顾晓光： 您在1990年代曾任《大学图书馆学报》的副主编，现在也担任《公共图书馆》的主编和《中国图书馆学报》的副主编。作为为人做嫁衣的职业，编辑在这二十年的学术环境中，所起的作用有什么变化？您也担任多家刊物的编委，本专业的学术期刊对学术环境的影响达到您的预期吗？

吴晞： 我在1990年代初期担任《大学图书馆学报》副主编，主编是林被甸馆长，我实际负责刊物的编务，同时还兼任《北京高校图书馆学刊》副主编。到深圳后，深图创办了《公共图书馆》杂志，我任主编。还兼任《中国图书馆学报》副主编和一些专业刊物的编委，不大管具体编务，但都会热心参与，各刊物开编委会我都会尽量参加。

对于专业研究，广而言之对于一切读写工作，我有发自内心的喜爱，乃至偏执。我在2010年出版的论著集《天下之公器》一书的序言里说："我一直自认为是具备一些学者素质的。当然这不是指学问、才华、禀赋等，而是说我一直热衷于读和写，且不以为苦，乐此不疲。然而命运的安排却没有如我所愿，乃至一直没有做成专业的学者，至今还是'玩票'的，只能'虽不能至，然心向往之'，并假想此生如能专门以研究写作为业会有多么大的成就。"现在我依然持这种想法。

我给自己定下"功课"，有几种专业刊物是每期都要看看的，其中就有你任执行主编的《数字图书馆论坛》。好的刊物是可以看出编者的激情和眼光的。但是现在很多专业刊物令人失望，有的已经从我的"功课"中抹去了。最令人反感是收取版面费发表论文，这不仅是"曲学阿世"，简直就是出卖学术良心，兜售学术垃圾。我任主编的《公共图书馆》就明确宣布，永远不收取版面费，发表的文章全部都支付稿酬。

顾晓光：您在自我简介中说“欲为葛天氏之民，安可得欤！”，这句话挺吸引我。我能感受到您有“人在江湖，身不由己”的无奈，更有对于自由、恬淡生活的向往。从内心来讲，对于这种理想生活，您更倾向于“出世”还是“入世”？

吴晞：若不是你这样问，我还确实没有认真思考过这个出世入世的问题。现在仔细想一想，真正让我奉为圭臬的还是“天行健，君子以自强不息”的奋斗哲学。

自小受家庭传统教育影响，相信“天将降大任于斯人也”。后来逐渐明白，自己不是什么“天命在身”的人物，也不曾遇有什么“大任”，不过是平凡的图书馆员，但也应兢兢业业，恪尽职守，有一分热发一分光，倘有机会还要多发些光。我年轻时，有个口号是“革命加拼命，拼命干革命”，现在不提了，但我一直是以拼命的精神工作和治学的。当然也为此付出了代价，近年来做了两次心脏手术，想拼命也不行了。从2010年做了第二次手术后就不再主持深图的工作，2012年正式卸任馆长，现在只担任深圳市图书情报学会理事长的虚职。

我也曾想过，如果当年老老实实留在北大做馆员加学者，或者在文化部做官员，是否会更好些，至少身体不会糟糕到如此地步。结论是不后悔，因为我是按照自己的人生哲学生活的，本应如此。

现在社会上盛行避世、养生的哲学，常常见到这样的文章流传，引经据典，振振有词，却很难打动我。现在身体差了，不注意养生也不行，但不想以保养身体为唯一宗旨来打发今后的日子。看淡名利固然不错，但不等同于混日子，或以些许可怜的小事自娱自欺。如今光热已经所剩不多，就更要让生命燃烧好，活得有意义。退出行政职务，无官一身轻，却也一直没有闲着，除了按计划撰文著书，还要履行阅读推广委员会主任职务外，今年还领下一个国家社科基金课题，又够我忙一阵。

古人讲“三立”，立德、立功、立言。审视自己，大概是更适合“立言”的，而且今后也只有“立言”一途，能否有成不可知，至少还有这样的追求。

顾晓光：谢谢您接受我的访谈。

（访谈日期：2013－11－06）

吴晞简介

1955 年 1 月出生。深圳图书情报学会理事长，研究馆员。

1982 年北京大学图书馆学系毕业。历任北京大学馆员、副研究馆员、研究馆员，文化部图书馆司文献资源处处长。1998 年至 2012 年任深圳图书馆馆长。现任深圳市图书情报学会理事长。

主要兼职：

广东省图书馆学会副理事长，中国图书馆学会常务理事，中国图书馆学会阅读推广委员会主任，《公共图书馆》杂志主编，《中国图书馆学报》编委、副主编，公共图书馆研究院执行院长，北京大学兼职教授，中山大学兼职硕士导师，深圳市政协委员。

主要荣誉职务：

美国图书馆协会（ALA）和美国公共图书馆学会（PLA）荣誉会员，文化部优秀专家，全国优秀科技工作者，深圳市政府专家，深圳市高层次人才。

主要业绩：

1998 年任文化部项目“图书馆自动化集成系统（ILAS－II）”课题组组长、项目第一负责人。该项目 1999 年荣获文化部科技进步一等奖，广东省文化厅科技进步一等奖。

2002 年主持筹建“地方版联合采编协作网（CRLNet）”，任项目第一负责人。该项目于 2005 年荣获国内文化系统最高奖——文化部首届“中国文化创新奖”。

2001 年承接国家级科研项目“数字图书馆体系结构与应用平台开发”，任项目第一负责人。该项目 2006 年通过文化部主持的鉴定，项目成果 d－ILAS 在深圳图书馆新馆成功应用。

2007 年承接文化部科研项目“城市街区 24 小时自助图书馆系统”，任项目第一负责人。该项目于 2009 年 10 月获第三届“中国文化创新奖”，并被列入“国家文化创新工程”。

2008 年被评为文化部优秀专家。

2009 年获得深圳市高层次专业人才证书，美国图书馆协会（ALA）和美国公共图书馆学会（PLA）荣誉会员。

2010 年被评为全国优秀科技工作者。

2010 年“城市街区 24 小时自助图书馆体系建设与服务推广”项目获文化部第十五届“群星奖”，为项目第一负责人。

2013 年承接国家社科基金课题“公共图书馆开展全民阅读活动与建设学习型社会研究”，任项目第一负责人。

对图书馆学诸多领域有较深造诣和深入研究，正式出版专著 15 部、译著 2 部，发表论文 120 余篇。

曾获“文献资料智能排架分检运送装置”、“图书馆自助终端”等五项国家专利，均为第一发明人。

深圳图书馆简介

深圳图书馆始建于深圳特区成立之后的1986年。深圳图书馆新馆2006年建成开放，位于深圳市行政文化中心区内风景秀美的莲花山前，占地29 612平方米，总建筑面积49 589平方米。建筑出自著名国际大师矶崎新的设计，造型独特，构思精巧，极富现代感。建筑模式也从传统模式变为全开放、大开间、无间隔的“模数式”布局。它的落成为深圳这个年轻而充满活力的城市增添了一道独具特色的文化景观。

作为深圳市图书文献收藏和利用中心及文献信息资源开发中心，深圳图书馆藏书量超过683万册/件，2012年图书外借量超过376万册次，日均接待读者过万人次（峰值26 000人次）。国际图联副主席鲍顿参观深圳图书馆后感慨地说：“我参观了世界各地的许多图书馆，这里可以说是世界上最繁忙的图书馆。”

深圳图书馆注重新技术的应用，在全国率先采用ILAS、DILAS和RFID技术。ILAS是由深圳图书馆主持研制、具有自主知识产权并被文化部评为重大科技成果推广项目，在全国拥有近三千家用户；DILAS（数字图书馆体系结构研究和应用平台开发项目）是国家计委下达的国家级重点科技项目，已在深圳图书馆投入使用。深圳图书馆也是全国第一家全面采用RFID（无线射频技术）的图书馆，RFID的采用引发了图书馆业务管理模式的全面变革，给深圳图书馆带来了一系列技术飞跃。

2005年，深圳图书馆开始实行全面的免费服务。2006年深圳图书馆新馆开放伊始，在全国率先提出了“开放、平等、免费”的服务理念，坚持走“服务立馆”、“技术强馆”之路，全馆实行“全面开放、免证进馆、分层管理、一卡通行”的服务模式，服务区藏、借、阅服务交融为一体，为读者营造了便捷舒适、自主高效的阅读环境。

深圳图书馆多年来秉承最大限度地满足读者需求的公益服务宗旨，为广大读者提供简便、快捷的服务，除周一闭馆外每天9：00－21：00连续开放，每周对外开放72小时。面向所有公民开放，普通阅览无需任何证件，服务全部免费，号称“到图书馆来是不用带钱包的”。

根据深圳地区经济、社会、文化发展状况，深圳图书馆在馆藏建设上，以高新技术、商贸、时装、法律等专题资源及深圳地方文献、台港澳文献资源等作为特色资源。

深圳市“图书馆之城”建设是保证市民基本阅读权益，实现图书馆服务均等性、便捷性的重要举措。深圳图书馆作为“图书馆之城”建设的龙头馆，一直致力于打造全城公共图书馆一体化、无差别服务。2011年，“图书馆之城”统一服务平台建成并投入使用。

目前，全市共有630家公共图书馆及200台“城市街区24小时自助图书馆”已经实现统一服务。读者持一张“图书馆之城”读者证即可在上述图书馆和遍布全城的自助图书馆上享受无差异、无障碍的图书馆服务。

作为“图书馆之城”建设的重要组成部分，“城市街区24小时自助图书馆”作为具有自主知识产权的创新产品，被列入国家文化创新工程、深圳市2010年民生工程、2011年大运文化工程。

作为城市最基本的文化设施，深圳图书馆一方面是市民终身教育的知识殿堂，另一方面也是城市文化内涵和文化品位的重要象征；同时将进一步加强信息参考功能，为深圳的政府决策、经济发展、科技创新、学术研究等活动提供高层次的知识支撑和信息服务，实施深圳建设“图书馆之城”的文化战略，成为全市文献资源中心、信息网络中心和知识共享中心。

跋

本书是我作为《数字图书馆论坛》执行主编时，为刊物所采写的馆长访谈集录而成。

访谈馆长是我很早就有的想法，但因为很多馆长已经接受了多次访谈，如何能够作出与其他访谈不一样的效果，我一直没有想好。真正着手这项工作是想了解复旦大学图书馆馆长葛剑雄先生对担任图书馆馆长几年来的体会。不知道是葛先生事务较多还是图书馆界对他没有特别的兴趣，我一直没有在各方面的媒体中看到类似的访谈。

葛先生属于我很敬重的学者，当他担任复旦大学图书馆馆长后不久，我接到过他一次工作电话，想来当时心情还有些激动。因为机缘，我与葛先生有过一段时间的接触，于是想将这位历史地理学专业的学者对图书馆的理解推荐给读者和同行。

访谈馆长不是什么创意之事，甚至做起来吃力不讨好，原因有二：一是提出的问题大多流于表面，就像写文章一样，没有新意和深度；二是很容易成了偶像崇拜的自留地，将被访人架得很高，为其歌功颂德，如同商业软文。在准备访谈的案头工作时，我刻意不去看那些关于访谈的专业资料，不去想里面的技巧，不模仿程式化的肢体语言，只以求学的姿态，尽可能通过自己的专业素养，让馆长展现更为真实的自我。

如何去展现？我希望访谈能够有以下三个特点：

1. 长篇幅。长度虽不一定有深度，但深度却常伴有长度。访谈并非刊录一些名言警句、心灵鸡汤，而是通过深入地对话，全面地了解被访人的所思所想。在这方面，查建英女士的《八十年代访谈录》给了我很大启发。她通过访谈了十几位来自不同领域的文化名人来重温上世纪八十年代中国社会的思想面貌。每篇访谈的篇幅都较大，但读起来却丝毫感觉不到冗长。

2. 口语化。我希望馆长用拉家常的方式来谈专业的理解。历史学者顾颉刚先生曾经说过，即使是再深刻的思想，也要用一种通俗的语言来表达，让普通读者能看懂，能接受。所以，我一直坚持访谈最好面对面，眼睛的双向道胜过思想的单行线，或者说只有思想在双向道上才可能更加熠熠闪光。这样一来，面对面的语言生动、直观，甚至有些俏皮，流露出了真性情，让读者观后不觉艰涩。

3. 针对性。在本书收录的六篇访谈中，我向每位馆长提出的问题大多数是不重复的。除了个别的具体问题，意在这几位馆长中对某件具体事情进行一个比较，比如公共图书馆的365天开馆。这使得访谈前的工作量很大，而且完成后也遗憾多多，总觉得可挖掘的资源还有很多。

这些访谈在《数字图书馆论坛》中刊出后，得到了很多师友的溢美之词，在此特别感谢。正是因为这些鼓励和褒奖，让我有信心一直进行下去。

我曾经想过是否有必要将已经出版过的文字集结起来，重新发表？在将六次访谈的文字放在一起阅读的时候，我发现出版单行本还是合适的，正如一位老师来信说，这六篇访谈“看似独立，实际上可以有一条线来贯穿，就是中国图书馆的改变。”

访谈的目的是希望记录这个变革时代的声音。本世纪虽然才只有十多年，但对于图书馆，特别是中国的图书馆来说，却发生了很大的变化。究其原因，信息技术的发展首当其冲。

2002年，我在国家图书馆时，曾经参与组织过一次数字图书馆的国际会议，当时的主题是：数字图书馆——新世纪信息技术的机遇与挑战。这次会议虽然已过十二年，但会议的主题在当下依然没有过时。中国的图书馆依托中国经济的高速发展、全球化的浪潮和信息技术的革命及其带来的观念更新，属于百年图书馆“最好的时代”，但居安思危，我们有能力去面对“最坏的时代”的到来吗？

生逢其时，这些中国有影响力的馆长如何看待图书馆的变化，如何看待个体中的争议事件，如何建设所服务的图书馆，都是我所关心的。再深层次一些，他们的经历有哪些值得后学借鉴的地方？

这六篇访谈不是六张活页组成，被访的馆长都是上世纪八十年代成长起来的学人，除了葛剑雄先生外，都是图书馆学专业出身，其中三位曾求学于我现在供职的北京大学信息管理系（原图书馆学系）。在他们的身上，是否能够发现诸多共性？

这六位馆长是中国图书馆馆长中的翘楚，他们在一定程度上代表了很多图书馆馆长，是时代造就了他们，还是他们成就了这个时代？

希望本书能够回答这些疑问。

2014年2月于北京大学燕园

致谢

感谢接受我访谈的六位馆长，他们都是我非常敬重的前辈。与其说是访谈，不如说是请教。

感谢我的研究生导师刘兹恒教授为本书所作的序，他是我人生路上重要的提携人。感念师恩，永志于心。

感谢中国科技信息研究所的乔晓东总工和张秀梅主编，与他们一起共事的这段时间，让我受益良多；感谢编辑部同事李婧和童庆钧在出刊前的文字校对以及刘欣的帮助；感谢前中国图书馆学会常务副秘书长丘东江先生和海洋出版社杨海萍女士，此次承蒙丘先生的厚爱和杨女士的赏识，本书得以出版。

书名《拥书权拜小诸侯》为北京大学图书馆王波学兄之建议，取自罗振玉先生为哈佛燕京图书馆题写的牌匾。还有不少师友对访谈稿件提出过建议和意见，一并谢过。